DAS VILLA VEGANA KOCHBUCH

SEIT 2013

VEGAN

aus aller Welt

VENTIL

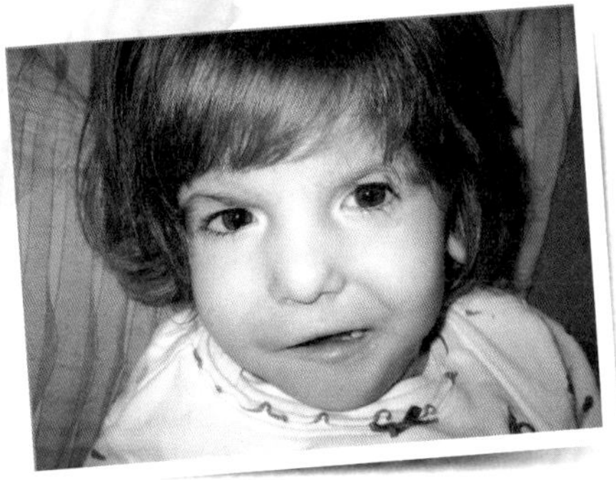

In Gedenken an Marilu

29.9.2002 – 4.2.2011

DIE WAUTZIES >>>

Sheela & Django

Miriam & Jens

DIE AUTOREN

Liebe Leser,

Seit vielen Jahren sind wir bereits dabei, bekannte Gerichte aus allen Teilen der Welt zu „veganisieren" und diese ohne tierisches Leid genauso geschmackvoll und lecker zuzubereiten.
Auf vielfachen Wunsch unserer wundervollen Gäste ist mit viel Herzblut und Leidenschaft, in kompletter Eigenregie, dieses umfangreiche Kochbuch entstanden.
Von süß bis herzhaft, von einfach bis raffiniert, von schnellen bis etwas anspruchsvolleren Gerichten, ist alles dabei was das kulinarische Herz begehrt. Eine kunterbunte Rezeptsammlung, die für jeden Geschmack etwas bietet. Entdeckt die Vielfalt, entdeckt die Leichtigkeit, entdeckt die Leidenschaft, die uns tagtäglich begleitet, und lasst euch überraschen!

Viel Freude beim Kochen!

APPROVED OK APPROVED

SCHNAPP SCHÜSSE

...aus aller Welt!

Tiruvanamalai / Indien 2006

Valencia / Spanien 2013

Barcelona / Spanien 2012

Bali / Indonesien 2014

Taj Mahal / Indien

Rio de Janeiro / Brasilien 2003

Jens Indien, 1989 :-)

Marrakesch / Marokko 2015

Marrakesch / Marokko 2015

Pisa / Italien 1994

Marrakesch / Marokko 2015

Rio de Janeiro / Brasilien 2003

Salvador / Brasilien 2003

Santorin / Griechenland 1996

Bali / Indonesien 2014

Little India / Singapur 2014

Marrakesch / Marokko 2015

Singapur / Malaysia 2014

Singapur / Malaysia 2014

Granada / Spanien 2002

VILLA VEGANA

Inhaltsverzeichnis

COCA DE VERDURAS
Spanischer Paprikakuchen vom Blech

OLIVADA
Oliven-Creme mit Knoblauch-Crostini

DATILES AL "BACON"
Gefüllte Datteln im Auberginenmantel

SEITAN BOURGUIGNON
Schmorseitan mit Rotwein-Gemüse

SOUPE À L'OIGNON
Überbackene Zwiebelsuppe

MINI "CAMEMBERT"
mit Nusskruste und Birnenchutney

GIGANTES PLAKI
Bohnenauflauf mit Kräuterveta

CASHEW NUGGETS
mit Basilikum-Joghurt-Dip

MELANZANE AL FORNO
Ofen-Aubergine mit Tomaten-Vinaigrette

GREEK NACHOS
Griechischer Teller

SOBRASADA
Tomaten-Paprika-Aufstrich

PANZANELLA
Toskanischer Brotsalat

SELLERIESCHNITZEL
mit Blitva (Kartoffel-Mangoldpüree)

CARCIOFI IN UMIDO
Geschmorte Artischocken

KOLOKITHOKEFTEDES
Zucchini-Kräuter Bällchen mit Tzatziki

LAHMACUN & TZATZIKI
Türkische Pizza mit Knoblauchsauce

ORIENTALISCHE & AFRIKANISCHE REZEPTE 082

DAOUD BASHA
Köfte mit Safran-Tomatensauce

FUHL TAHINI
Lauwarmer Bohnensalat mit Tahini

HUMMUS
Orientalischer Kichererbsen-Dip

GEMÜSESUPPE ORIENT
mit Kichererbsen & Couscous

ROTE BETE-SUPPE
nach orientalischer Art

KÜRBISSPALTEN
mit Sesam-Zironen-Dip

SHURIT ADS
Linsensuppe mit karamellisierten Zwiebeln

ZAALOUK
Rauchauberginen-Dip

AL-RAHEB
Salat mit geräucherten Auberginen

MOUSSAKA
mit Kichererbsen und "Käsebechamel"

MUHAMARRA
Levantischer Paprika-Walnuss-Dip

BABA GANOUSH
Dip aus geräucherten Auberginen

LINSEN-BOBOTI
Fruchtig-scharfer Gemüseauflauf

RIZ DJEBIEN
Spinat-Reispfanne mit Kichererbsen

CHAKALAKA
Gemüsesalat mit Ingwer-Chili-Sauce

HARIRA
Linseneintopf mit Nudeln & Gemüse

QUINOA-TARTE
mit Wasabi-Mayonnaise

AJAAD
Gurkensalat mit Chili & Erdnüssen

WAN-TAN SUPPE
Gemüsebrühe mit Teigtaschen

MEE REBUS
Süßkartoffel-Suppe mit Nudeln & Tofu

THAI-SOBANUDELN
mit frischer Ingwer-Chili-Sauce

TOM KHA HAD
Ingwer-Kokossuppe mit Pilzen

KARAAGE
Knusprig glacierte Zitronen-Nuggets

OKONOMIYAKI
Gemüse-Pfannkuchen

LAAB SEITAN
Lauwarmer Salat aus gehacktem Seitan

PHO-BO
Gemüsesuppe mit Reisnudeln

ROSENKOHL SUPPE
mit Kokos & Süßkartoffeln

HOKKAIDO SUPPE
mit Birnen & Ingwer

BBQ-QUESADILLAS
mit Cashewkäse

KUNG PAO
Kichererbsen-Pfanne mit Erdnüssen

SEITAN SÜSS-SAUER
mit Gemüse

URAP SAYUR
Gemüsesalat mit Kokos-Sambal

CHILI NON CARNE
Kidneybohnen-Eintopf

CHORREADAS
Knusprige Maispfannkuchen

TIMBUSHKA
Kohlsuppe mit Pellkartoffeln & Seitan

FEIJOADA
Schwarzer Bohneneintopf mit Gemüse

LOCRO DE PAPA
Kartoffelsuppe mit Spinat & Safran

EMPANADAS
Teigtaschen mit Spinatfüllung

TEX-MEX BURGER
auf Pfeffer-Polenta

BURRITO HAWAI
Tortillas mit fruchtiger Füllung

GALLO PINTO
Bunter Reis in der Tortillaschale

CAUSA PERUANA
Kartoffel-Schichtsalat mit Guacamole

QUESADILLAS
mit Guacamole & Nacho-Creme

CEVICHE
Avocado-Tomatensalat mit Palmherzen

PFEFFERPFANNE
Seitanpfanne mit Paprika

PAPADZULES
Gefüllte Tortillas mit Kürbissauce

PANUCHOS
Frittierte Maisfladen mit Salat

PAPA A LA HUNCAÍNA
Kartoffelsalat mit Paprikasauce

DÄNISCHER "MATJES"
Marinierte Auberginen in Dill-Sahnesauce

STUVAD VITKÅL
Krauteintopf in Béchamelsauce

ROLLMOPS
Gefüllte Auberginen-Röllchen

KÖTTBULLAR
Soja-Hack-Bällchen mit Dill-Sauce

SENU ZUPA
Pilzrahmsuppe mit Birnen

JANSSONS FRESTELSE
Kartoffelauflauf mit Pilz-Anchovis

SKLANDU RAUŠI
Karottentörtchen mit Cashew-Sour Cream

KESÄKEITTO
Finnische Sommersuppe

FISKEKAKER
Frikadellen mit Apfel-Meerrettich-Dip

KALOPS
Rote Bete-Gulasch mit Seitan

PYTT I PANNA
Bauernpfanne mit Kräutern

LABSKAUS
Kartoffelbrei mit Rote Bete-Hack

PASTASALAD
Nudelsalat mit Gurken & Meerrettich

KNEKKEBRØD
Norwegisches Knusperbrot

HASSELBACK POTATIS
Fächerkartoffeln mit Kräuterquark

SALAT ROSSOL
Rote Bete-Salat mit Räuchertofu

COCONUT-CAKE-POPS
Kokos-Küchlein am Stil

CHOKLADBOLLAR
Ummantelte Schokobällchen

MOUSSE AU CHOCOLAT
mit Himbeersauce

SAFRAN SHRIKHAND
Quarkspeise mit Mangosauce & Pistazien

ORANGENKUCHEN
aus Nüssen und ganzen Orangen

BAKLAVA
mit kandierten Orangen

LADDOO
Kichererbsenkonfekt mit Nüssen & Kokos

ZITRONENKUCHEN
mit Knusperkruste

INDISCHER NOUGAT
aus Haselnüssen & Mandeln

KOKOS-KÜCHLEIN
mit Sahnecreme-Füllung

BAJADERA
Nuss-Nougatschnitten

ROTWEIN-TRÜFFEL
im Kakaomantel

GRIESS-HALVA
mit Feigen & karamellisierten Walnüssen

SOPAPILLAS
Mexikanische Mini-Krapfen

ORANGEN-MUFFINS
mit Schokolade

RUSSISCHER ZUPFKUCHEN
mit Schattenmorellen

VILLA VEGA
V
Mediterra

MEDITERRAN

>>> Eine kulinarische Reise von Spanien und Italien über Kroatien bis Griechenland

KRÄUTER & GEWÜRZE

DIE WICHTIGSTEN BASICS

getrocknete Tomaten
natives Olivenöl
Thymian
Meersalz
Basilikum
frischer Pfeffer

VILLA VEGANA
V
Mediterrane Küche

>>> *Unser Tipp: Der Belag kann selbstverständlich variiert werden! In Mallorca isst man Coca auch gerne mit gedünstetem Mangold und Zwiebeln.

COCA DE VERDURAS

SPANISCHER PAPRIKAKUCHEN VOM BLECH

1 **Teig:** Backofen auf 180° C (Umluft) vorheizen. Das Mehl in eine große Schüssel geben. 1 TL Salz und etwas Pfeffer zugeben. Das Olivenöl mit dem Bier mischen und ebenfalls zugeben. Das Ganze gut vermengen, bis ein glatter, geschmeidiger Teig entsteht. Diesen kurz ruhen lassen.

2 **Belag:** Währenddessen die Paprikaschoten würfeln, die Zwiebel in Halbringe schneiden und die Cherrytomaten halbieren. 2 EL Olivenöl in einer Pfanne erhitzen und darin die Zwiebel glasig dünsten, dann die Paprika und die Cherrytomaten zugeben und für 3–4 Min. weiterdünsten. Das Gemüse nun mit dem Paprikapulver würzen und mit Salz & Pfeffer abschmecken.

3 Den Teig auf einem mit Olivenöl bepinselten Backblech dünn ausrollen und anschließend das gedünstete Gemüse gleichmäßig darauf verteilen. Für ca. 15–20 Min. in den vorgeheizten Backofen geben. Den Blechkuchen danach mit einem Pizzaschneider in gleichmäßige Quadrate schneiden und warm oder kalt servieren.

ZUTATEN

Teig

300 g	Dinkelmehl
125 ml	Olivenöl
80 ml	Bier

Belag*

3	Paprikaschoten, rot
2	Paprikaschoten, gelb
1	Paprikaschote, grün
1	Zwiebel
100 g	Cherrytomaten
2 EL	Olivenöl
2 TL	Paprikapulver, scharf
1 TL	Paprikapulver, edelsüß
	Salz & frischer Pfeffer

Vorbereitung: 10 Min. Kochzeit: 10 Min. Backzeit: 20 Min. Ergibt 1 Blech

ZUTATEN

Crostini

1	Baguettestange
etwas	Olivenöl
3	Knoblauchzehen

Olivada

250 g	grüne Oliven, entsteint*
½	Zitrone, Saft
2 EL	Petersilie
1 EL	Basilikum
1	Knoblauchzehe
40 g	Mandeln oder Pinienkerne
1–2 EL	Olivenöl
1–2 EL	Kapern
	Salz & frischer Pfeffer

* Unser Tipp: Schmeckt auch mit schwarzen Oliven sehr fein!

OLIVADA

OLIVEN-CREME MIT KNOBLAUCH-CROSTINI

1 **Olivada:** Petersilienblätter, Basilikumblätter, Mandeln (bzw. Pinienkerne), Oliven und Knoblauch grob zerkleinern. Danach alles zusammen mit den Kapern in einen Mixer geben und mit Zitronensaft und Olivenöl pürieren, bis eine grobe Paste entsteht. Mit Salz und frischem Pfeffer abschmecken.

2 **Crostini:** Das Baguette in Scheiben schneiden, mit Olivenöl beträufeln und in einer Pfanne von beiden Seiten goldgelb rösten. Aus der Pfanne nehmen, die Knoblauchzehen halbieren und mit der Schnittfläche nach unten sofort auf die Baguettescheiben reiben. Crostini mit der Olivada servieren.

Vorbereitung: 10 Min. Kochzeit: 10 Min. Portionen: 4–6

DATILES AL "BACON"

GEFÜLLTE DATTELN IM AUBERGINENMANTEL

1 Backofen auf 180°C (Umluft) vorheizen. Aubergine schälen und der Länge nach mit einem Schäler 18 feine Streifen abziehen. Diese auf Küchenpapier legen, salzen und 10 Min. warten.

2 Während der Wartezeit die Datteln mit je einer Mandel füllen. Nach der Wartezeit die Auberginenstreifen mit Rauchpaprika besprenkeln und mit Öl bepinseln, dann je einen Streifen um eine Dattel wickeln und mit einem Stäbchen feststecken.

3 Auf Backpapier legen und für ca. 10 Min. auf mittlerer Schiene backen, bis sie knusprig und goldbraun sind.

Vorbereitung: 15 Min. Backzeit: 10 Min. Ergibt 18 Stück

ZUTATEN

1	Aubergine
18	Datteln, entkernt
18	Mandeln, geschält
	Meersalz
	Pimentón de la vera*
	Olivenöl
18	kleine Holzstäbchen (oder Zahnstocher)

* Pimentón de la vera ist ein spanisches Gewürzpulver aus geräucherten Paprikaschoten, das jedem Essen eine besondere Rauchnote gibt.

ZUTATEN

2	Zwiebeln
3	Karotten
250 g	Champignons
6	Knoblauchzehen
800 g	Seitan
2 EL	Zwiebelschmalz (alt. Olivenöl)
2 EL	Tomatenmark
1 Stiel	Thymian
1 Stiel	Rosmarin
2	Lorbeerblätter
500 ml	Rotwein
250 ml	Gemüsebrühe
6 EL	Olivenöl
250 g	Räuchertofu
100 g	Silberzwiebeln aus dem Glas
4 EL	glatte Petersilie, gehackt
2 EL	Meerrettich
1 EL	Pflanzenmargarine
1 EL	Mehl
	Salz & frischer Pfeffer

>>> * Ein Bouquet Garni ist ein Kräutersträußchen, das zusammengebunden wird. Es wird in Schmorgerichten mitgekocht und kurz vor dem Servieren entfernt.

SEITAN BOURGUIGNON

SCHMORSEITAN MIT ROTWEIN-GEMÜSE

1 Zwiebeln in Spalten schneiden. Karotten längs halbieren und schräg in Stücke schneiden. Champignons putzen. Knoblauch schälen. Seitan in unregelmäßige Stücke schneiden, kräftig mit Salz & Pfeffer würzen und in einer Pfanne mit 3 EL Olivenöl rundherum scharf anbraten. Herausnehmen und beiseitestellen.

2 Zwiebelschmalz (alt. Olivenöl) in einem Bräter oder großen Topf erhitzen. Zwiebelspalten, Karotten und Champignons darin 5 Min. anbraten. Tomatenmark zugeben und kurz mitrösten. Thymian, Rosmarin und Lorbeer zu einem *Bouquet Garni** binden und zugeben. Die Hälfte des Rotweins angießen und 5 Min. kochen lassen, dann den restlichen Rotwein und die Gemüsebrühe angießen und zugedeckt ca. 45 Min. auf niedriger Flamme köcheln lassen. Den Seitan und die Silberzwiebeln zufügen und weitere 5 Min. garen lassen. Mit Salz & Pfeffer abschmecken und den *Bouquet Garni entfernen*.

3 Den Räuchertofu in 3 EL Öl und ca. 1 TL Salz scharf anbraten und zusammen mit der Petersilie und dem Meerrettich zum Eintopf geben. Pflanzenmargarine mit Mehl vermischen und damit die Soße binden. Alles gut verrühren und mit Kartoffelbrei oder Tagliatelle servieren.

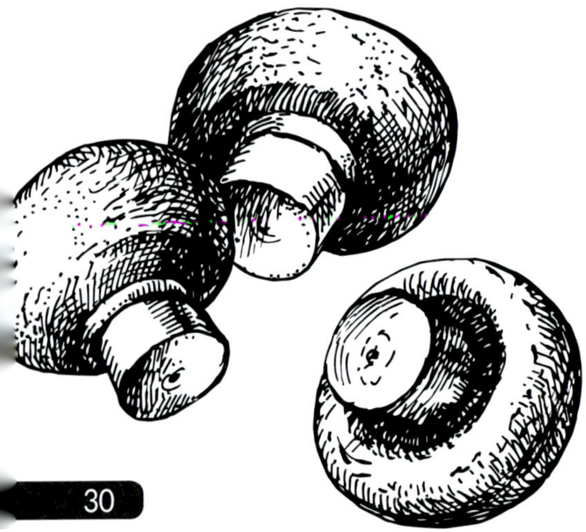

Vorbereitung: 15 Min. **Kochzeit: 85 Min.** **Portionen: 6**

VILLA VEGANA
V
Mediterrane Küche

SOUPE À L'OIGNON

ÜBERBACKENE ZWIEBELSUPPE

ZUTATEN

- 800 g Zwiebeln
- 40 g Pflanzenmargarine
- 4 Knoblauchzehen
- 1 TL Kümmel, gemahlen
- 4 EL Rotweinessig
- 300 ml Weißwein
- 2 L Gemüsebrühe
- Salz & frischer Pfeffer
- 150 g veganen Schmelzkäse (z. B. No-Muh Melty von Vegusto)
- 6 Scheiben Toastbrot

1 Zwiebeln in feine Ringe schneiden. Margarine in einem großen Topf zerlassen. Die Zwiebelringe, 3 klein gehackte Knoblauchzehen und den Kümmel zugeben und mit andünsten. Mit Rotweinessig und der Hälfte des Weißweins ablöschen. Anschließend die Gemüsebrühe angießen und das Ganze für ca. 20 Min. köcheln lassen. Die Suppe mit restlichem Weißwein, Salz & frischem Pfeffer abschmecken.

2 Backofen auf 200° C (Oberhitze) vorheizen. Währenddessen den Melty in einer Schüssel mit einer Gabel zerdrücken, eine Knoblauchzehe mit hinein pressen und gut verrühren, die Toastscheiben leicht rösten und mit der Creme bestreichen. Die Suppe auf feuerfeste Schüsseln verteilen, je eine Toastscheibe auflegen und für ca. 5–10 Min. überbacken, bis die Creme leicht bräunlich wird. Sofort servieren.

*Unser Tipp: Wer keine feuerfesten Suppenteller hat, kann auch nur die Toastscheiben überbacken und danach auf die Suppe geben.

Vorbereitung: 15 Min. | Kochzeit: 25 Min. | Backzeit: 10 Min. | Portionen: 6

MINI "CAMEMBERT"

MIT NUSSKRUSTE UND BIRNENCHUTNEY

1 **Chutney:** Die Birnen schälen, entkernen und würfeln. Den Zitronensaft über die Stückchen geben und vermengen. Zwiebel, Chilischote und Ingwer fein hacken und unterrühren. Mit den restlichen Zutaten in einen kleinen Topf geben und miteinander verrühren, kurz aufkochen und dann 20 Min. auf kleinster Flamme köcheln lassen. Anschließend abkühlen lassen.

2 **Camembert:** Melty in 2,5 cm breite Scheiben schneiden und für 10 Min. ins Gefrierfach geben. Semmelbrösel und Nüsse vermischen und in einen tiefen Teller geben. Mehl mit Sojasahne vermischen und in einen zweiten tiefen Teller geben. Die Scheiben in Sahne-/Mehlmischung und anschließend in der Semmelbrösel-Mischung wenden. In heißem Öl goldbraun backen und mit dem Chutney servieren.

Vorbereitung: 15 Min. **Kochzeit: 25 Min.** **Portionen: 4**

ZUTATEN

Chutney

3	Birnen
1	Zitrone, Saft
1	kleine rote Zwiebel
1	rote Chilischote
3 TL	frischer Ingwer
4 EL	Wasser oder Apfelsaft
1	Zimtstange
4	Nelken
1 TL	Pfefferkörner
5 EL	Apfelessig
50 g	Zucker
1 TL	Kurkuma

Camembert

200 g	No-Muh Melty von Vegusto
50 g	Semmelbrösel
50 g	Walnüsse, gehackt
100 ml	Sojasahne
50 g	Mehl
Öl zum Fritieren	

>>> * Unser Tipp: Anstelle einer einzelnen großen Auflaufform kann man auch mehrere kleine Formen nehmen, je nachdem wie viele Portionen ihr anrichten wollt, bekommt so jeder seinen eigenen Auflauf.

GIGANTES PLAKI

BOHNENAUFLAUF MIT KRÄUTERVETA

1 Den Kräuter-Veta nach dem Rezept auf Seite 38 zubereiten (bitte beachten, dass er über Nacht ziehen sollte).

2 Olivenöl in einem Bräter oder großen Topf erhitzen und darin Zwiebeln und Räuchertofu 5 Min. kross anbraten. Knoblauch und Karotten zugeben und kurz mitbraten. Agavendicksaft einrühren und alles kurz karamellisieren lassen, danach Tomatenmark zugeben und 1 Min. unter Rühren andünsten. Mit Orangensaft ablöschen.

3 Lorbeerblätter, gehackte geschälte Tomaten sowie passierte Tomaten zugeben und alles unter Rühren aufkochen. 15 Min. einkochen lassen, dann die Saubohnen unterrühren und alles mit Zimt, Harissa, Thymian, Salz & Pfeffer abschmecken.

4 Alles in eine große Auflaufform* füllen und abgedeckt im Ofen 20 Min. bei 180° C (Oberhitze) backen. Abdeckung entfernen, den Kräuter-Veta und Kapern auf dem Auflauf verteilen und weitere 10 Min. backen. Mit Petersilie und frischem Thymian bestreuen und sofort servieren.

ZUTATEN

Kräuter-Veta Rezept Seite 38

6 EL	Olivenöl
1	große Zwiebel, gehackt
250 g	Räuchertofu
4	Knoblauchzehen, gehackt
3	Karotten, halbe Scheiben
2 EL	Agavendicksaft
2 EL	Tomatenmark
100 ml	Orangensaft
2	Lorbeerblätter
400 g	geschälte Tomaten, Dose
250 g	passierte Tomaten
2 TL	Zimt
3 TL	Harissa (alt. Chilipulver)
1 EL	Thymian, getrocknet
800 g	Saubohnen, gekocht
4 EL	Kapern
1	Bund Petersilie, gehackt
2 EL	Thymian, frisch
	Salz & frischer Pfeffer

GREECE
ELLINIKI DIMOKRATIA

Vorbereitung: 15 Min. Kochzeit: 25 Min. Backzeit: 30 Min. Portionen: 4

CASHEW-NUGGETS

MIT BASILIKUM-JOGHURT-DIP

ZUTATEN

Cashewkäse
150 g Cashewkerne
400 ml Wasser
2 EL Flohsamenschalen-Pulver
5 EL Zitronensaft
4 EL Hefeflocken
½ EL Salz

Basilikum-Dip
600 g Sojajoghurt
Bund Basilikum
4 EL Zitronensaft
Salz & frischer Pfeffer

Panade
100 g Semmelbrösel
50 ml Sojasahne
Öl zum Braten

1 Die Cashewkerne mit kochendem Wasser bedecken und 30 Min. ruhen lassen. Das Flohsamenschalen-Pulver in 400 ml Wasser einrühren und kurz gelieren lassen. Cashewkerne abgießen und mit dem Gelee und den restlichen Zutaten im Blender mixen. Bei Bedarf etwas mehr Wasser zugeben. In eine rechteckige Form geben, glatt streichen und für min. 2 Std. kaltstellen, danach für ca. 20 Min. in das Gefrierfach geben.

2 Während der Cashewkäse kühlt den Sojajoghurt 2 Std. abhängen und abtropfen lassen. Danach mit gezupftem Basilikum, Zitronensaft, Salz & Pfeffer verrühren.

3 Den Cashewkäse in mundgerechte Stücke schneiden. Zuerst in Sojasahne tunken, danach in Semmelbröseln wälzen und in einer Pfanne mit heißem Öl knusprig braten.

VILLA VEGANA
V
Mediterran-Spezial

Vorbereitung: 20 Min. / Wartezeit: 2,5 Std. Kochzeit: 10 Min. Portionen: 4

MELANZANE AL FORNO

OFEN-AUBERGINE MIT TOMATEN-VINAIGRETTE*

1 Backofen auf 180° C (Umluft) vorheizen. Die Auberginen der Länge nach halbieren. Auf der Schnittfläche längs sowie diagonal ca. 1 cm tief einschneiden. Kräftig mit Salz & frischem Pfeffer würzen und frischen gehackten Rosmarin darauf verteilen. Knoblauch in feine Scheiben schneiden und in die Einschnitte der Auberginen stecken. Mit Olivenöl beträufeln und in eine Auflaufform geben. Im Backofen ca. 30 Min. garen.

2 Die Zwiebelwürfel kurz in einer Pfanne mit heißem Olivenöl schwenken. Die Tomaten ebenfalls in die Pfanne geben und kurz mitschwenken. Mit Balsamico ablöschen und mit Oregano, Salz & Pfeffer würzen. Zum Schluss das Basilikum in feine Streifen schneiden und untermischen. Die Tomaten-Vinaigrette über die Auberginen verteilen und mit Ciabatta oder Baguette servieren.*

Vorbereitung: 20 Min. | Backzeit: 30 Min. | Kochzeit: 20 Min. | Portionen: 4

ZUTATEN

Ofen-Auberginen

2	Auberginen
4	Knoblauchzehen
2–3 EL	Rosmarin, gehackt
4 EL	Olivenöl
	Salz & frischer Pfeffer

Tomaten-Vinaigrette

4 EL	Olivenöl
1	Zwiebel, gehackt
3	Tomaten, gewürfelt
1 EL	Oregano
4 EL	Balsamico-Essig
	Salz & frischer Pfeffer
1	Bund Basilikum

*Dieses Gericht kann frisch aus dem Ofen oder auch kalt serviert werden.

ZUTATEN

Tzatziki Rezept Seite 45

Kräuter-Veta*
- 300 g Tofu, natur
- 2 EL Zitronensaft
- 2 EL Kräuteressig
- 2 EL Olivenöl
- 1 EL Kräuter der Provence

Choriatiki (Salat)
- 3 Tomaten, gewürfelt
- 1 Salatgurke, halbe Scheiben
- 1 rote Zwiebel, feine Ringe
- 8 eingelegte Peperoni
- 50 g schwarze Oliven
- 2 EL Olivenöl
- 3 TL Oregano

Gyros
- 500 g Seitan
- 5 EL Olivenöl
- 1 EL Gyros-Gewürz

Nachos
- 4 Pitabrote
- 2 EL Olivenöl

Salz & frischer Pfeffer

>>> * Unser Tipp: Wer Zeit sparen will, kann auch einfach nur zerbröselten Tofu für das Rezept nehmen – oder ihr macht gleich die doppelte oder dreifache Menge, denn der Veta hält sich im Kühlschrank mindestens 7 Tage.

GREEK NACHOS

GRIECHISCHER TELLER

1 **Kräuter-Veta:** Den Tofu über einer kleinen Schüssel mit den Händen zerbröseln. Die restlichen Zutaten vorsichtig unterrühren, mit Salz & Pfeffer abschmecken und abgedeckt über Nacht im Kühlschrank ziehen lassen.

2 **Choriatiki:** Tomaten, Gurke und Zwiebelringe in einer Salatschüssel mischen, salzen und ca. 5 Min. ziehen lassen. Mit Olivenöl beträufeln und mit Oregano, Salz & Pfeffer würzen, Peperoni und Oliven unterrühren.

3 **Gyros:** Den Seitan in Streifen schneiden und in einer Pfanne in heißem Olivenöl und etwas Salz von allen Seiten knusprig braten. Mit Gyros-Gewürz abschmecken.

4 **Nachos:** Die Pitabrote in Dreiecke schneiden und von beiden Seiten in der Pfanne in heißem Öl anbraten.

5 **Anrichten:** Zuerst Nachos auf den Tellern anrichten, darüber das Gyros und Tzatziki verteilen, dann den Salat und den Kräuter-Veta darauf geben.

Vorbereitung: 20 Min. / Ruhen: über Nacht | **Kochzeit: 20 Min.** | **Portionen: 4**

VILLA VEGANA
V
Mediterrane Küche

ZUTATEN

50 g	getrocknete Tomaten
1	Knoblauchzehe
1 EL	Tomatenmark
25 g	Pinienkerne*
1 TL	Kreuzkümmel, gemahlen
2 TL	Rauchpaprikapulver
2 TL	Agavendicksaft
20 ml	Olivenöl
1 Prise	Muskat
10	Basilikumblätter
1 TL	Oregano
	Salz & frischer Pfeffer

* Unser Tipp: Anstelle der Pinienkerne kann man auch Mandeln nehmen!

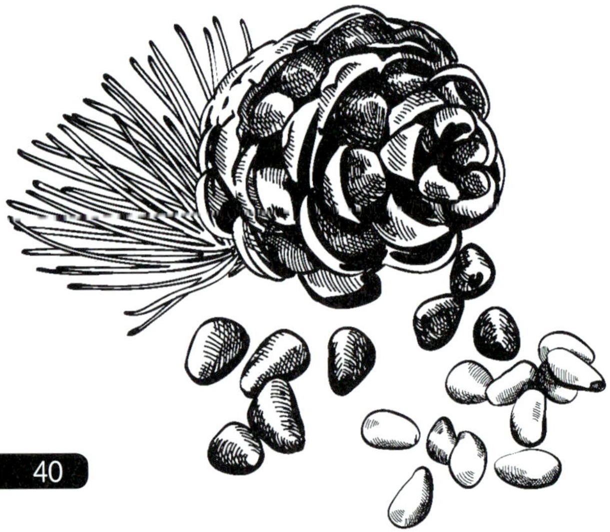

SOBRASADA

TOMATEN-PAPRIKA-AUFSTRICH

1 Die getrockneten Tomaten in eine kleine Schüssel geben und mit kochendem Wasser bedecken. Für ca. 1 Std. im Wasser weich werden lassen. Danach in ein Sieb geben und gut abtropfen lassen.

2 Alle Zutaten in einen Mixer geben und zu einer streichbaren Masse verarbeiten. Zum Schluss mit Salz & Pfeffer abschmecken. Mit Brot, Crackern oder Gemüsespaghetti servieren.

Vorbereitung: 10 Min. / Einweichen: 1 Std.   Portionen: 4–6

PANZANELLA

TOSKANISCHER BROTSALAT

1 Weißbrot in 2–3 cm große Würfel schneiden und in einer Pfanne mit etwas Olivenöl goldbraun rösten und beiseitestellen. Paprika und Zucchini ebenfalls in einer Pfanne mit Olivenöl für ein paar Minuten andünsten. Etwas gehackten Rosmarin zugeben und kurz mitdünsten. Mit Kräutern der Provence und Pfeffer abschmecken und in eine Salatschüssel geben. Die Gurke würfeln, die Zwiebel in halbe Ringe schneiden, Cherry-Tomaten halbieren und mit den restlichen Zutaten zum Gemüse geben.

2 Für die Vinaigrette die Knoblauchzehe pressen, gut mit den restlichen Zutaten verrühren und unter den Salat mischen. Nun die Brotstückchen untermischen, mit Salz & Pfeffer abschmecken und für ca. 30 Min. kaltstellen.

Vorbereitung: 20 Min. / Kaltstellen: 30 Min. **Kochzeit: 10 Min.** **Portionen: 4–6**

ZUTATEN

150 g	Weißbrot (1–2 Tage alt)
1	rote Paprika, gewürfelt
1	gelbe Paprika, gewürfelt
1	Zucchini, gewürfelt
	Rosmarin
3–4 TL	Kräuter der Provence
1	Salatgurke
1	rote Zwiebel
200 g	Cherry-Tomaten
20	schwarze Oliven
2 EL	Kapern
1 EL	Pinienkerne
2 EL	Petersilie, gehackt
	Salz & frischer Pfeffer

Vinaigrette

4 EL	Balsamico bianco
6 EL	Olivenöl
1 EL	Agavendicksaft
1	Knoblauchzehe
	Salz & frischer Pfeffer

VILLA VEGANA
V
Mediterrane Küche

>>> * Unser Tipp: Je nach Größe der Sellerieknolle könnt ihr ggfs. die Scheiben nochmals in der Mitte halbieren.

SELLERIESCHNITZEL

MIT BLITVA (KARTOFFEL-MANGOLDPÜREE)

1 **Blitva:** Kartoffeln schälen, würfeln und in einen großen Topf mit Wasser geben. Ruhig etwas mehr Wasser nehmen, da später noch Fenchel und Mangold mit in den gleichen Topf kommen. Kartoffeln 5 Min. kochen lassen, den in feine Streifen geschnittenen Fenchel zugeben und alles fast gar kochen. Dann den Mangold zugeben und für ca. 5 Min. mitkochen lassen.

2 Währenddessen Zwiebel und Knoblauch klein hacken. In eine kleine Pfanne mit Olivenöl geben und auf kleinster Stufe 5 Min. dünsten lassen. Kartoffeln samt Mangold und Fenchel abschütten, wieder in den Topf geben und noch mal kurz auf niedrige Flamme stellen, sodass die Feuchtigkeit entweichen kann. Dann in eine große Schüssel geben und den Olivenöl-Zwiebel-Mix zugeben. Alles klein stampfen und mit Salz & frischem Pfeffer abschmecken.

3 **Schnitzel:** Sellerieknolle schälen und in 1,5 cm dicke Scheiben schneiden. In kochendem Salzwasser (mit Zitronensaft) 5–7 Min. garen, abschrecken und gut abtropfen lassen. Mehl mit der Sojasahne in einem tiefen Teller verrühren. Semmelbrösel und etwas Salz & Pfeffer in einen zweiten tiefen Teller geben. Die Selleriescheiben einzeln zuerst in der Mehl-Sojasahne wenden und anschließend in den Semmelbröseln. Dann in einer Pfanne mit heißem Öl ausbacken.

Vorbereitung: 20 Min. **Kochzeit: 20 Min.** **Portionen: 4–6**

ZUTATEN

Blitva

600 g	Kartoffeln
1	Fenchelknolle
300 g	Mangold
1	Zwiebel
5	Knoblauchzehen
100 ml	Olivenöl
	Salz & frischer Pfeffer

Sellerieschnitzel

1	Sellerieknolle (800 g)*
1	Zitrone, Saft
2 EL	Mehl
150 ml	Sojasahne
100 g	Semmelbrösel
	Salz & frischer Pfeffer
	Öl zum Braten

ZUTATEN

4	Artischocken
3	Knoblauchzehen
4	Schalotten
2 EL	Olivenöl
2 TL	Rosa Pfeffer*
1 Stiel	Rosmarin
1	Chilischote, rot
100 ml	Weißwein
	Salz & frischer Pfeffer

*Rosa Pfefferbeeren sind ein äußerst dekoratives Gewürz, welches Gerichten eine süßlich-aromatische Note gibt.

CARCIOFI IN UMIDO

GESCHMORTE ARTISCHOCKEN

1 Den Strunk der Artischocken schälen, die äußeren Blätter entfernen und ca. 3 cm der Spitze abschneiden. Schalotten schälen, vierteln und zusammen mit dem Knoblauch kurz in einem Topf mit Olivenöl andünsten.

2 Die Artischocken mit der Schnittfläche nach unten auf den Boden des Topfes stellen. Pfeffer, Chili, Rosmarin und Weißwein zugeben, mit etwas Salz & frischem Pfeffer würzen und alles mit geschlossenem Deckel ca. 20 Min. auf kleinster Stufe garen lassen.

Vorbereitung: 5 Min. Kochzeit: 20 Min. Portionen: 2

KOLOKITHOKEFTEDES

ZUCCHINI-KRÄUTER-BÄLLCHEN MIT TZATZIKI

1 **Tzatziki:** Salatgurke schälen, der Länge nach halbieren und entkernen, danach grob raspeln und zusammen mit Sojajoghurt, Öl, Essig, Zitronensaft und Dill in einer Schüssel verrühren. Knoblauchzehen hineinpressen, mit Salz & Pfeffer abschmecken und kaltstellen.

2 **Köfte:** Die Zucchini waschen, raspeln, salzen und in einem Sieb ca. 30 Min. abtropfen lassen. Danach ausdrücken und in eine Schüssel geben. Tofu mit den Händen zerbröseln und zugeben. Zwiebeln, Knoblauch, Semmelbrösel, gehackte Kräuter, Hefeflocken und Zitronenabrieb unterrühren und mit Salz & Pfeffer würzen. Kleine Bällchen formen (5–6 cm Ø), diese in Kichererbsenmehl wenden und in heißem Öl Portionsweise 4–5 Min. knusprig frittieren.

Vorbereitung: 20 Min. / Wartezeit: 30 Min. | Kochzeit: 25 Min. | Ergibt ca. 20 Bällchen

ZUTATEN

Tzaziki

2	Salatgurken
400 g	Sojajoghurt
1 EL	Olivenöl
1 EL	Essig
1 EL	Zitronensaft
2 EL	Dill, getrocknet
3	Knoblauchzehen
	Salz & frischer Pfeffer

Zucchini-Köfte

1 kg	Zucchini, geraspelt
250 g	Tofu, natur
1	rote Zwiebel, gehackt
3	Frühlingszwiebeln
2	Knoblauchzehen, gehackt
250 g	Semmelbrösel
je 2 EL	Petersilie, Minze, Thymian, Dill & Basilikum, gehackt
4 EL	Hefeflocken
1	Zitrone, Abrieb
	Salz & frischer Pfeffer
150 g	Kichererbsenmehl
	Öl zum Frittieren

GREECE
ELLINIKI DIMOKRATIA

ZUTATEN

Tzatziki Rezept Seite 45

Teig

500 g	Mehl
250 ml	Wasser
2 TL	Zucker
2 TL	Salz
25 g	Hefe
3 EL	Olivenöl

Sauce

150 g	Sojagranulat
	Gemüsebrühe
50 ml	Olivenöl
2	Knoblauchzehen, gehackt
3 EL	Tomatenmark
200 g	passierte Tomaten
2 TL	Kreuzkümmel, gemahlen
2 TL	Paprikapulver
1 EL	Thymian, getrocknet
	Salz & frischer Pfeffer

Belag

1	Zwiebel, Ringe
12	eingelegte Peperoni
3	Tomaten, Scheiben
	grüner Salat

>>> *Unser Tipp: Durch diesen Trick, den uns Björn Moschinski gezeigt hat, wird das Sojagranulat nicht matschig und man erspart sich das Abgießen.

LAHMACUN & TZATZIKI

TÜRKISCHE PIZZA MIT KNOBLAUCHSAUCE

1 **Teig:** Mehl, Salz und Zucker in einer Schüssel verrühren. Hefe im lauwarmen Wasser und Olivenöl auflösen, alles miteinander vermengen und einen glatten Teig daraus kneten. Die Schüssel nun mit einem Tuch abdecken und für 30 Min. an einem warmen Ort gehen lassen. Währenddessen die Sauce zubereiten und den Ofen auf 200° C (Umluft) vorheizen.

2 **Sauce:** Das Sojagranulat mit so viel heißer Gemüsebrühe übergießen, dass sich die Körner gerade so mit Flüssigkeit vollgesaugt haben*. 5 Min. ziehen lassen und danach in einer Pfanne mit heißem Olivenöl anbraten. Knoblauch zugeben und kurz mitbraten. Tomatenmark zugeben, kurz mitdünsten und dann die passierten Tomaten und Gewürze unterrühren und alles 5 Min. köcheln lassen.

3 Den Teig in ca. 8 Stücke teilen und diese nacheinander auf einer mit Mehl bestäubten Arbeitsfläche zu dünnen Fladen ausrollen. Auf ein mit Backpapier ausgelegtes Backblech geben und Sauce darauf verteilen. Für ca. 10 Min. im Ofen backen. Danach beliebig mit dem vorbereiteten Belag und Tzatziki anrichten und servieren.

Vorbereitung: 20 Min. / Ruhen: 30 Min. | Kochzeit: 10 Min. / Backzeit: 10 Min. | Portionen: 8

VILLA VEGANA
V
mediterrane Küche

VILLA VE
V
Indische Küc

INDIEN

>>> Göttlicher Genuss vom Himalaya bis zur Südspitze Indiens

KRÄUTER & GEWÜRZE

DIE WICHTIGSTEN BASICS

Kurkuma
Koriander
Ingwer
Nelken
Garam Masala

VILLA VEGANA
V
PARAISO VEGANO MALLORCA

PARAISO VEGANO

VILLA VEGANA
V
Indische Küche

>>> * Unser Tipp: Das Curry schmeckt am besten, wenn es ein paar Stunden durchzieht, bevor es serviert wird.

RAJMA MASALA

KIDNEYBOHNEN-CURRY MIT INGWER-TADKA

ZUTATEN

4	Tomaten
4 EL	Olivenöl
1 TL	Kardamomsamen
3	Gewürznelken
2	Lorbeerblätter
2	Zimtstangen
1	Zwiebel, gehackt
1 EL	Ingwer, gehackt
1	grüne Chilischote, gehackt
2	Knoblauchzehen, gehackt
1 EL	Tomatenmark
200 ml	passierte Tomaten
3 TL	Kreuzkümmel, gemahlen
2 TL	Koriander, gemahlen
2 TL	Garam Masala
500 g	Kidneybohnen, gekocht
150 ml	Gemüsebrühe
	Chiliflocken oder Pulver
	Salz & frischer Pfeffer

Tadka

1	grüne Chilischote
4 cm	Ingwer
3 EL	Koriander, frisch
2 TL	Pflanzenmargarine

1 Die Tomaten anritzen und kurz in kochendes Wasser legen, rausnehmen und die Schale abziehen. Die Tomaten fein hacken und beiseitestellen.

2 Kardamomsamen, Nelken, Lorbeer und Zimtstangen in heißem Öl ca. 2 Min. anrösten. Danach Zwiebeln, Ingwer, Chili und Knoblauch zugeben und weitere 3 Min. anschwitzen. Nun Tomatenmark, gehackte und passierte Tomaten zugeben und weitere 10 Min. unter Rühren köcheln lassen.

3 Kreuzkümmel, Koriander und Garam Masala unterrühren. Die Kidneybohnen und die Gemüsebrühe zugeben und das ganze 20 Min. einkochen lassen. Mit Chiliflocken, Salz & Pfeffer abschmecken.

4 Für die Tadka Chili und Ingwer in feine Streifen schneiden, Koriander grob hacken und in einer kleinen Pfanne in der heißen Pflanzenmargarine ca 2–3 Min. anrösten. Auf das Rajma Masala geben und mit Reis oder Naanbrot (Rezept Seite 63) servieren.

Vorbereitung: 30 Min. Kochzeit: 60 Min. Portionen: 4

BENGALI MATAR KACHORI

TEIGTASCHEN MIT ERBSENFÜLLUNG

ZUTATEN

Teig

300 g	Dinkelmehl
3 TL	Sonnenblumenöl
1 TL	Salz
150 ml	Wasser

Füllung

250 g	Erbsen
3 TL	Ingwer, gehackt
1–2	grüne Chilischoten
2 TL	Olivenöl
1 TL	Kreuzkümmel, gemahlen
1	Knoblauchzehe, gehackt
Prise	Kardamompulver
2 TL	Garam Masala
1 TL	Currypulver
1 EL	Agavendicksaft
	Salz & frischer Pfeffer
3 TL	Kichererbsenmehl
	Öl zum Frittieren

* Unser Tipp: Wird gerne als Beilage zu Currys und Dal gereicht.

1 Mehl, Öl und Salz in einer Schüssel verrühren. Nach und nach Wasser angießen (ca. 150–200 ml) bis ein homogener, weicher Teig entsteht. Abgedeckt eine halbe Std. ruhen lassen.

2 Die Erbsen zusammen mit dem Ingwer und den Chilis in einer Küchenmaschine zu einem Brei pürieren. Öl in einer Pfanne erhitzen und darin Gewürze und Knoblauch kurz andünsten. Erbsenbrei, Agavendicksaft, Salz & Pfeffer zugeben und ca 3 Min. mitdünsten. Kichererbsenmehl zugeben und noch mal 2 Min. rösten. Die Masse abkühlen lassen und danach zu kleinen Bällchen formen. (Ca. 4 cm Ø). Aus dem Mehlteig nun ebenfalls Bällchen formen (Ca. 7 cm Ø) und diese zu Kreisen ausrollen, den Erbsenball in die Mitte setzen und den Teigkreis drum herum verschließen. Diesen etwas flach drücken und in heißem Öl knusprig frittieren.

Vorbereitung: 20 Min. / Ruhen: ½ Std. | Kochzeit: 20 Min. | Ergibt 8–10 Stück

PACHADI

KICHERERBSEN-ANANAS-SALAT MIT KOKOS

ZUTATEN

400 g	Kichererbsen, gekocht
200 g	Ananas, frisch
2	Karotten, feine Scheiben
1	grüne Chilischote, gehackt
2 EL	Olivenöl
2 TL	Senfsamen
50 g	Kokosraspel
400 g	Sojajoghurt
4 TL	Curry
	Salz & frischer Pfeffer
	Chiliflocken

Optional
Kokosstückchen zur Deko

1 Die Kichererbsen in einem Sieb abtropfen lassen, gut abspülen und in eine Schüssel geben. Die Ananas würfeln und mit der gehackten Chilischote 5 Min. in heißem Wasser bei schwacher Hitze köcheln lassen, abgießen und abkühlen lassen.

2 Das Öl in einer kleinen Pfanne erhitzen und darin die Senfsamen unter Rühren ca. 1 Min. anbraten. Die Kokosraspel zugeben und kurz mitrösten, bis sie anfangen, sich leicht bräunlich zu verfärben.

3 Die Karotten-Scheiben zusammen mit allen vorbereiteten Zutaten zu den Kichererbsen geben. Alles gut mit dem Sojajoghurt und Curry verrühren. Mit Salz, Pfeffer und ggf. Chiliflocken abschmecken.*

*Unser Tipp: Am besten vor dem Servieren noch eine Stunde kaltstellen!

Vorbereitung: 20 Min. Kochzeit: 20 Min. Portionen: 4

ZUTATEN

Tofu-Spieß & Marinade

400 g	Tofu, Natur
100 ml	Orangensaft
170 g	Sojajoghurt
100 ml	Sojamilch
1 TL	Kurkuma
1 TL	Curry
1 TL	Knoblauchpulver
1 TL	Salz

Suppe

3 EL	Olivenöl
1	Zwiebel, gewürfelt
2	Karotten, gewürfelt
1 EL	Ingwer, gehackt
2 TL	Kreuzkümmel, gemahlen
2	Knoblauchzehen, gehackt
1	Apfel, gewürfelt
½ EL	Currypaste
2 TL	Garam Masala
500 g	rote Linsen
200 ml	Ananassaft
1 l	Gemüsebrühe
400 ml	Kokosmilch
1	Zitrone, Saft
	Salz & frischer Pfeffer

Panade für Tofu-Spieß

60 g	Mehl
2 TL	Maisstärke
2 TL	Kreuzkümmelsamen

>>> *Unser Tipp: Diese Suppe kann man auch ohne Tofu-Spieß servieren. Sie ist schnell zubereitet und eignet sich perfekt als Vorspeise.

MULLIGATAWNY

LINSENSUPPE MIT MARINIERTEM TOFU-SPIESS*

1 Den Tofu in (ca. 3 cm) große Würfel schneiden. Die Zutaten für die Marinade in einer Schüssel miteinander verrühren und den Tofu darin mindestens 2 Std. marinieren.

2 Das Olivenöl in einem Topf erhitzen und darin Zwiebeln, Karotten, Ingwer, Kreuzkümmel, Knoblauch und Apfelwürfel für 3 Min. andünsten. Currypaste, Garam Masala und Linsen zugeben und kurz mitdünsten. Mit Ananassaft und Gemüsebrühe ablöschen. Auf niedriger Flamme 25 Min. köcheln lassen. Kurz vor Ende der Kochzeit die Kokosmilch unterrühren. Die Suppe mit einem Pürierstab fein pürieren. Mit Zitronensaft, Salz & Pfeffer abschmecken.

3 Die Zutaten für die Panade verrühren. Den Tofu aus der Marinade nehmen und darin wenden. Kurz in einer Pfanne mit etwas Öl anbraten. Auf Holzspieße stecken und mit der Suppe servieren.

Vorbereitung: 15 Min. / Marinieren: 2 Std. Kochzeit: 30 Min. Portionen: 4

VILLA VEGANA
V
Indische Küche

ZUTATEN

800 g	Kartoffeln
250 g	TK-Erbsen
4 EL	Kichererbsenmehl
2 EL	Olivenöl
1	Zwiebel, gehackt
1 EL	Ingwer, gerieben
2	Knoblauchzehen
1	grüne Chilischote, gehackt
2 TL	Garam Masala
2 TL	Kreuzkümmel
1 TL	Kurkuma
1	Bund Koriander
2 EL	Öl zum Frittieren
	Salz & frischer Pfeffer

Sriracha Ketchup

200 g	Ketchup
1 EL	Agavendicksaft
2 EL	Sojasauce
2 EL	Zitronensaft
2 TL	Knoblauchpulver
3 TL	Chilipulver
2 TL	Currypulver

ALOO TIKKI

KARTOFFELKÜCHLEIN MIT SRIRACHA-KETCHUP

1 Die Kartoffeln waschen und mit Schale in sprudelndem Salzwasser gar kochen. Danach abgießen, schälen und zerstampfen. Die Erbsen kurz in heißem Wasser aufkochen, wieder abgießen und mit dem Kichererbsenmehl und der Kartoffelmasse verrühren.

2 Das Öl in einer Pfanne erhitzen und darin Zwiebelwürfel, Ingwer, Knoblauch, Chili und die Gewürze für 2–4 Min. anrösten. Die Gewürzpaste zusammen mit fein gehacktem Koriander zum Kartoffelteig geben und mit Salz & Pfeffer abschmecken.

3 Mit leicht geölten Händen kleine Bällchen formen, diese etwas platt drücken und in einer Pfanne mit heißem Öl von beiden Seiten knusprig und goldbraun braten. Die Zutaten für den Sriracha-Ketchup miteinander verrühren und mit den Kartoffelküchlein servieren.

Vorbereitung: 15 Min. Kochzeit: 30 Min. Ergibt ca. 20 Küchlein

ZUTATEN

2 EL	Olivenöl
2 TL	Ingwer, gehackt
3	Knoblauchzehen, gehackt
1	grüne Chilischote, gehackt
1 TL	Koriandersamen
1	Zwiebel, gehackt
2	Tomaten, gehackt
1 TL	Kurkuma
2 TL	Senfsamen
2 TL	Curry
1 TL	Fenchelsamen
400 g	Weißkohl, gehäckselt
200 g	Erbsen (TK)
1 EL	Zitronensaft
2 TL	Garam Masala
	Salz & frischer Pfeffer

PATTA GOBI

WÜRZIGER KOHLEINTOPF MIT ERBSEN

1 Das Olivenöl in einer großen Pfanne erhitzen. Ingwer, Knoblauch, Chili und Koriandersamen darin anrösten. Zwiebeln, Tomaten, Kurkuma, Senfsamen, Curry und Fenchelsamen unterrühren und 2–3 Min. mitdünsten.

2 Den Kohl und die Erbsen zur Mischung geben und alles gut miteinander verrühren. Mit geschlossenem Deckel auf niedriger Flamme 10 Min. garen. Mit Zitronensaft, Garam Masala, Salz & frischem Pfeffer abschmecken und mit Reis servieren.*

*Unser Tipp: Schmeckt auch kalt als Salat sehr lecker.

Vorbereitung: 10 Min. Kochzeit: 20 Min. Portionen: 4

VILLA VEGANA
V
Küche

>>> * *Unser Tipp: Wer sich die Arbeitszeit verkürzen möchte, kann anstelle des selbst gemachten Paneers auch einfach 200 g Tofu verwenden!*

VILLA VEGANA
Indien-Spezial

NAAN & PALAK PANEER

FLADEN MIT SPINAT & “FRISCHKÄSE”

1 **Paneer:** Sojamilch in einem Topf bei mittlerer Hitze unter Rühren zum Kochen bringen. Den Zitronensaft einrühren und Topf vom Herd nehmen. Die Milch flockt sofort aus. Ein Sieb mit einem Küchentuch auslegen und über eine Schüssel hängen. Die geronnene Masse hineingeben. Das Tuch fest von oben zusammendrehen und gut ausdrücken, damit so viel Flüssigkeit wie möglich abfließt. Das Ganze mit einer Konservendose beschweren und über Nacht im Kühlschrank ruhen lassen.

2 **Naan:** Lauwarme Sojamilch mit der Hefe in eine kleine Schüssel geben und 5 Min. ruhen lassen. Mehl, Sojamehl, Backpulver und Salz in eine Schüssel geben. Hefemilch, Pflanzenöl und Sojajoghurt zugeben und mit den Händen 10 Min. zu einem homogenen Teig kneten. Teig abgedeckt 1 Std. ruhen lassen.

3 **Palak:** Margarine in einer Pfanne erhitzen, Zwiebeln, Ingwer und Kreuzkümmel darin goldbraun braten, Tomaten hinzufügen und 5 Min. köcheln lassen. Spinat und Sojasahne zugeben und abgedeckt bei niedriger Hitze 10–15 Min. köcheln lassen. Mit Garam Masala, Chili, Salz & Pfeffer abschmecken.

4 Nun den Naan-Teig in 6 gleichgroße Kugeln teilen, diese etwas platt drücken und in die Länge ziehen. In einer heißen Pfanne ohne Fett von beiden Seiten knusprig braten.

5 Den Paneer in Würfel schneiden und kurz in einer Pfanne in Olivenöl anbraten. Auf jeden der Naan-Fladen jeweils etwas Spinatcreme verteilen und mit ein paar Stückchen Paneer, ein paar getrockneten Tomaten und Pinienkernen anrichten.

ZUTATEN

Paneer (Frischkäse)*

1 l	Sojamilch, ungesüßt
1	Zitrone, Saft

Naan (Fladen)

75 ml	Sojamilch
10 g	frische Hefe
250 g	Mehl
1 EL	Sojamehl
½ TL	Backpulver
1 TL	Salz
2 EL	Pflanzenöl
80 g	Sojajoghurt

Palak (Spinatcreme)

2 EL	Pflanzenmargarine
1	Zwiebel
1 EL	Ingwer, gehackt
1 TL	Kreuzkümmelsamen
2	Tomaten, gehackt
1 TL	Garam Masala
1 TL	Chilipulver
	Salz & frischer Pfeffer
300 g	frischer Spinat, gehackt
60 ml	Sojasahne

1 EL	Olivenöl
½ Glas	getrocknete Tomaten
40 g	Pinienkerne

Vorbereitung: 45 Min. / Ruhen: über Nacht / 1 Std. Kochzeit: 1 Std. Portionen: 6

ZUTATEN

- 175 g rote Linsen
- 175 g Kichererbsen
- 1 grüne Chilischote
- 2 TL Salz
- 2 TL Currypulver
- 1 EL Kokosöl
- ½ Zwiebel, gehackt
- 1 TL Fenchelsamen
- 1 TL Kreuzkümmelsamen
- 2 TL Garam Masala
- 1 EL Ingwer, gehackt
- 1 Bund Koriander, gehackt
- Öl zum Frittieren

Kokos-Chutney

- 1 Knoblauchzehe, gepresst
- 80 g Kokosflocken
- 2 EL Tamarindensauce
- 1 EL Zitronensaft
- 250 ml Kokosmilch

PARUPPU VADAI

LINSENBÄLLCHEN MIT KOKOS-CHUTNEY

1 Linsen und Kichererbsen für 1 ½ Std. in Wasser einweichen. Danach über einem Sieb ausgießen und gut abtropfen lassen. In einem Mixer zusammen mit der Chilischote, Salz und Curry zu einem Brei pürieren.

2 Kokosöl in einer Pfanne erhitzen und darin Zwiebeln, Fenchelsamen, Kreuzkümmel, Garam Masala und Ingwer kurz andünsten und mit dem Koriander zum Brei geben.

3 In einer hohen Pfanne (oder Wok) reichlich Öl erhitzen. Etwas Teig nehmen und zu einem Bällchen oder Krapfen formen. Vorsichtig ins heiße Öl gleiten lassen und nacheinander goldbraun und knusprig frittieren.

4 Alle Zutaten für das Chutney gut miteinander verrühren und als Dip mit den fertig frittierten Linsenbällchen servieren.

Vorbereitung: 20 Min. / Einweichen: 90 Min. | Kochzeit: 15 Min. | Ergibt 14–18 Stück

ZUTATEN

2 EL	Olivenöl
250 g	Räuchertofu, fein gewürfelt
150 g	Champignons, geviertelt
100 g	grüner Spargel
1	Zucchini, gewürfelt
3–4	Frühlingszwiebeln, Ringe
2	Tomaten, fein gewürfelt
500 g	Tofu, Natur
2 TL	Curry
1 TL	Garam Masala
2 TL	Kurkuma
2 TL	Kreuzkümmel, gemahlen
50 ml	Sojasahne
3 TL	Kala Namak
1	Bund Petersilie / Koriander
	Salz & frischer Pfeffer

EGG-BHURJI

RÜHRTOFU INDISCHE ART

1 Öl in einer Pfanne erhitzen und darin den Räuchertofu kross anbraten, die Champignons zugeben und 2 Min. mitdünsten. Die Spargelstangen schräg in ½ cm dünne Scheiben schneiden und mit den Zucchini weitere 2 Min. dünsten. Frühlingszwiebeln und Tomaten zugeben und für weitere 2 Min. mitbraten. Tofu mit den Händen in die Pfanne bröseln.

2 Mit Curry, Garam Masala, Kurkuma und Kreuzkümmel würzen. Sojasahne je nach gewünschter Konsistenz hinzugeben. Zum Schluss noch die fein gehackte Petersilie oder den Koriander unterrühren und mit Kala Namak würzen. Je nach Geschmack noch mit Salz & Pfeffer abschmecken. Mit Chapati oder Naanbrot (Rezept Seite 63) servieren.

Vorbereitung: 15 Min. Kochzeit: 10 Min. Portionen: 4

VILLA VEGANA

V

Indische Küche

ZUTATEN

1	Karotte
100 g	Weißkohl
½	Paprikaschote, rot
2	Frühlingszwiebeln
3	Knoblauchzehen
50 g	Dinkelmehl
2 EL	Maisstärke
2 EL	Sojasauce
	Salz & frischer Pfeffer
	Öl zum Frittieren

Sauce

1 EL	Sesamöl
2	Knoblauchzehen, gehackt
1 EL	Ingwer, gehackt
1	grüne Chilischote, gehackt
½	rote Paprika, feine Würfel
3	Frühlingszwiebeln, Ringe
120 g	Champignons, Würfel
250 ml	Gemüsebrühe
1 EL	Chilisauce, süßsauer
1 EL	Ketchup
2 EL	Maisstärke (+4 EL Wasser)
	Salz & frischer Pfeffer

VEGGIE MANCHURIAN

GEMÜSEBÄLLCHEN IN WÜRZIGER PILZ-SAUCE

1 Karotte, Weißkohl, Paprika, Frühlingszwiebeln und Knoblauch grob zerkleinern und in einer Küchenmaschine fein schreddern. Das Gemüse in eine Schüssel geben und mit Mehl, Stärke und Sojasauce verrühren. Mit Salz & Pfeffer abschmecken.

2 Ausreichend Öl in einer hohen Pfanne (oder Wok) erhitzen. Die Masse zu kleinen Bällchen formen und diese im Öl nacheinander goldbraun frittieren. Beiseitestellen.

3 **Sauce:** Sesamöl in einer Pfanne (oder einem Wok) erhitzen und darin Knoblauch, Ingwer und Chili für 1 Min. anschwitzen. Nun nach und nach Paprika, Frühlingszwiebeln und Champignons zugeben und weitere 5 Min. anschwitzen. Mit heißer Gemüsebrühe ablöschen und Chilisauce und Ketchup einrühren. Die Maisstärke mit 4 EL kaltem Wasser verrühren und unter ständigem Rühren zur Sauce geben, bis diese andickt. Die Bällchen in die Sauce geben und kurz erwärmen. Mit Reis servieren.

Vorbereitung: 15 Min. **Kochzeit: 30 Min.** **Portionen: 4**

BAINGAN BHARTA

RAUCHAUBERGINEN-CURRY

ZUTATEN

2	Auberginen
6 EL	Olivenöl
1 TL	Kreuzkümmelsamen
6	Knoblauchzehen, gehackt
1	Zwiebel, gehackt
2	grüne Chilischoten, gehackt
4	Tomaten, gehackt
1 TL	Garam Masala
1 TL	Chilipulver
1 TL	Kurkuma
2 TL	Koriander, gemahlen
2 EL	Zitronensaft
	frischer Koriander
	Salz & frischer Pfeffer

1 Den Backofen auf 200° C vorheizen. Die Auberginen auf ein mit Backpapier ausgelegtes Backblech legen und für 30 Min. im Ofen garen. (Nach 15 Min. Auberginen wenden.) Auberginen herausnehmen, in Alufolie wickeln und abkühlen lassen. Danach die Haut abziehen, die Aubergine in kleine Stückchen schneiden und mit der Gabel (oder einem Kartoffelstampfer) zerdrücken. Beiseitestellen.

2 Olivenöl in einer Pfanne erhitzen. Kreuzkümmel, Knoblauch und Zwiebeln darin andünsten. Chili, Tomaten und die restlichen Gewürze zugeben und unter Rühren ca. 3 Min. auf kleiner Flamme köcheln lassen. Die Aubergine unterrühren und ca. 10 Min. bei gelegentlichem Umrühren weiter köcheln lassen. Nach Geschmack mit Salz, Pfeffer und Zitronensaft abschmecken. Mit Koriander und Reis servieren.

*Unser Tipp: Kann auch als Dip mit Naan Brot (Rezept S. 63) serviert werden!

Vorbereitung: 20 Min. | Backzeit: 30 Min. | Kochzeit: 15 Min. | Portionen: 2

MALAI KOFTA

KARTOFFELBÄLLCHEN IN TOMATENSAUCE

1 **Kofta:** Die Kartoffeln in einer Schüssel zerstampfen. Den Tofu mit einer Gabel zerdrücken und zugeben. Semmelbrösel, Hefeflocken, Maisstärke, Garam Masala, Chilis, Cashewkerne und Koriander zugeben. Mit Salz & Pfeffer würzen und kleine Bällchen formen (ca. 5 cm Ø). Diese in etwas Kichererbsenmehl wälzen und in heißem Öl goldgelb frittieren (in Fritteuse oder Wok). Auf Küchenpapier abtropfen lassen.

2 **Sauce:** Öl in einer Pfanne erhitzen und darin Kreuzkümmelsamen, Zwiebeln, Knoblauch, Ingwer und Zimt 5 Min. lang unter Rühren anschwitzen. Die restlichen Gewürze einrühren und kurz mitdünsten. Die Tomaten hacken, zugeben und die Sauce 10 Min. köcheln lassen. Mandelmus und Sahne unterrühren und nochmals 5 Min. aufkochen. Die Bällchen in die Sauce legen und servieren.

Vorbereitung: 20 Min. Kochzeit: 20 Min. Portionen: 4

ZUTATEN

Kofta

600 g	Kartoffeln, gekocht
300 g	Tofu, Natur
60 g	Semmelbrösel
3 EL	Hefeflocken
3 EL	Maisstärke
3 TL	Garam Masala
2	grüne Chilischoten, gehackt
50 g	Cashewkerne, gehackt
1	Bund Koriander, gehackt
	Salz & frischer Pfeffer
	Kichererbsenmehl
	Öl zum Frittieren

Sauce

2 EL	Öl
2 TL	Kreuzkümmelsamen
2	Zwiebeln, gehackt
3	Knoblauchzehen, gehackt
1 EL	Ingwer, gehackt
1	Zimtstange
2 TL	Garam Masala
1 TL	Kurkuma
1 TL	Chilipulver
1 EL	Bockshornklee, gemahlen
500 g	Dosentomaten, geschält
1 EL	Mandelmus
100 ml	Pflanzensahne (z. B. Soja)

VILLA VEGANA
V
Indische Küche

>>> * Unser Tipp: Zu Samosas schmecken fruchtige Chutneys oder auch eine Raita aus Sojajoghurt und Kräutern.

SAMOSAS

MIT KARTOFFEL-ERBSEN-FÜLLUNG*

1 **Teig:** Beide Mehle in eine Schüssel geben. Salz, Wasser und Öl zufügen und mit den Händen 10 Min. kräftig kneten, bis ein geschmeidiger Teig entsteht. Ca. 15 Min. abgedeckt ruhen lassen.

2 **Füllung:** Währenddessen die Kartoffeln in kochendem Wasser ca. 20 Min. garen. Abgießen, abschrecken und die Schale abziehen. Etwas abkühlen lassen und danach fein würfeln.

3 Öl in einer Pfanne erhitzen und darin Zwiebeln, Ingwer, Chili und Knoblauch unter ständigem Rühren 5 Min. andünsten. Senfsamen, Koriandersamen, Kreuzkümmel, Garam Masala und Kurkuma zufügen und kurz mitdünsten. Kartoffeln, Erbsen und gehackten Koriander zufügen, mit Gemüsebrühe ablöschen und gut vermischen. Mit Salz & Pfeffer abschmecken.

4 Backofen auf 180° C (Umluft) vorheizen. Den Teig in 6 gleichgroße Teile teilen und zu Kugeln formen. Jede Kugel auf einer bemehlten Arbeitsfläche dünn zu einem Kreis (ca. 16 cm Ø) ausrollen. Den Kreis mit einem Messer halbieren. Ränder mit Wasser befeuchten und den Teigkreis so umschlagen, dass eine Tüte entsteht. Je ein EL Füllung hineingeben, die Öffnung mit den Händen zusammendrücken und umklappen. Die fertigen Samosas auf ein mit Backpapier belegtes Blech legen und mit etwas Sojasahne bepinseln. Im Ofen ca. 25 Min. goldgelb backen.

Vorbereitung: 30 Min. | Kochzeit: 30 Min. | Backzeit: 30 Min. | Ergibt 12 Stück

ZUTATEN

Teig

100 g	Dinkelmehl
150 g	Weizenmehl
1 TL	Salz
130 ml	Wasser
30 ml	Sonnenblumenöl

Füllung

300 g	Kartoffeln
50 g	TK-Erbsen
2 EL	Olivenöl
½	Zwiebel, gehackt
1	grüne Chilischote, gehackt
1 EL	Ingwer, gehackt
2	Knoblauchzehen, gehackt
1 TL	Senfsamen
1 TL	Koriandersamen
2 TL	Kreuzkümmelsamen
3 TL	Garam Masala
1 TL	Kurkuma
150 ml	Gemüsebrühe
1	Bund Koriander, frisch
	Salz & frischer Pfeffer

Sojasahne zum Bepinseln

CHANA MASALA

KICHERERBSEN-CURRY

ZUTATEN

260 g	Kichererbsen, getrocknet*
1 EL	Kokosöl (alt. Olivenöl)
2 TL	Senfsamen
1 TL	Koriandersamen
2 TL	Kreuzkümmelsamen
1	Zwiebel, gewürfelt
2	Tomaten, gehackt
4 TL	Currypulver
1 TL	Kurkuma
1 TL	Garam Masala
500 g	Karotten, Scheiben
1 Bund	Petersilie
1	Zitrone (Saft)
800 ml	Kokosmilch
	Salz & frischer Pfeffer

1 Kichererbsen für mindestens 12 Std. in kaltem Wasser einweichen. Danach in frischem, leicht gesalzenem Wasser einmal aufkochen, Schaum von der Oberfläche abschöpfen und auf niedriger Flamme zugedeckt etwa 90 Min. gar kochen.

2 Öl in einem Topf erhitzen und darin Senfsamen, Koriandersamen und Kreuzkümmel anschwitzen. Zwiebel und Karotten zugeben und 3–4 Min. mitdünsten. Curry, Kurkuma, Garam Masala und Tomaten zugeben und weitere 3–4 Min. dünsten. Zitronensaft und Kokosmilch angießen. Kichererbsen zugeben und mit Salz & Pfeffer abschmecken. Das Curry ca. 20 Min. köcheln lassen.

3 Gegen Ende der Garzeit die gehackte Petersilie unterrühren und eventuell mehr Zitronensaft zugeben. Mit Reis oder Chapati servieren.

*Unser Tipp: Wer Zeit sparen will, kann stattdessen 800 g fertig gekochte Kichererbsen aus dem Glas nehmen.

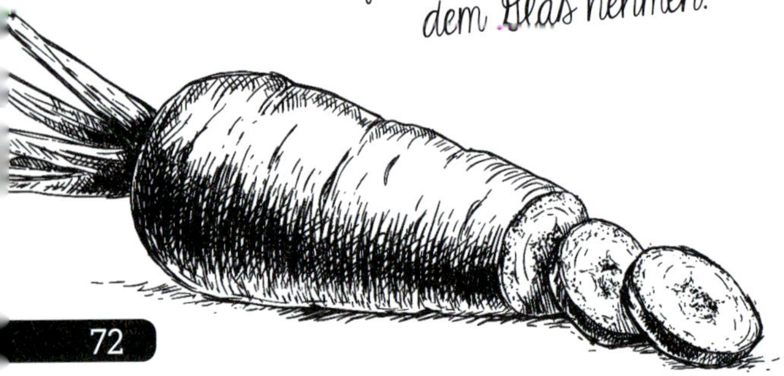

Vorbereitung: 10 Min. / Einweichen: 12 Std. | Kochzeit: 90 & 20 Min. | Portionen: 4

METHI MATAR MALAI

ERBSENCURRY MIT BOCKSHORNKLEE

1 Die Cashewkerne mit heißem Wasser übergießen und für 20 Min. einweichen lassen. Danach abtropfen und mit der Mandelmilch in einem Mixer zu einer homogenen Sauce verarbeiten. Beiseitestellen.

2 Die Pflanzenmargarine in einem Topf erhitzen und darin Zwiebeln, Knoblauch, Chili und Ingwer für ca. 3 Min. andünsten. Die restlichen Gewürze zugeben und kurz mitdünsten. Nun die vorbereitete Sauce in den Topf geben und kurz aufkochen lassen. Den Bockshornklee (bzw. den Spinat oder Mangold) unterrühren und für ca 5 Min. auf kleiner Flamme köcheln lassen. Danach die Erbsen zugeben und das Curry für weitere 5 Min. köcheln lassen.

3 Mit Salz und frischem Pfeffer abschmecken und mit Chapati, Roti oder Reis servieren.

Vorbereitung: 10 Min. / Einweichen: 20 Min. Kochzeit: 20 Min. Portionen: 4

ZUTATEN

Sauce

100 g	Cashewkerne
380 ml	Mandelmilch

3 EL	Pflanzenmargarine
1	Zwiebel, gehackt
3	Knoblauchzehen, gehackt
1	grüne Chilischote, gehackt
2 EL	Ingwer, gehackt
2 TL	Zimt, gemahlen
3 TL	Kreuzkümmel
1 TL	Koriandersamen
1 TL	Kardamompulver
2 TL	Garam Masala
2 TL	Currypulver
4 TL	Bockshornklee, gemahlen
250 g	Bockshornklee*, frisch
200 g	Erbsen (TK)
	Salz & frischer Pfeffer

>>> * Unser Tipp: Wer keinen frischen Bockshornklee zur Hand hat, kann auch frischen Spinat oder Mangold nehmen.

ZUTATEN

2	Mini-Blumenkohl*
1 EL	Salz
1 TL	Kurkuma

Makhani Sauce

½	rote Zwiebel, gehackt
1 EL	Olivenöl
1 EL	Ingwer, gehackt
4	Knoblauchzehen, gehackt
1	frische Chilischote, rot
1 TL	Koriandersamen
1 TL	Garam Masala
1 TL	Kurkuma
2 TL	Bockshornklee, gemahlen
1 EL	Tomatenmark
3	Tomaten, gehackt
200 ml	Kokosmilch
50 g	Cashewkerne, gemahlen
1 EL	Agavendicksaft
	Salz & frischer Pfeffer

>>> * Unser Tipp: Wer keinen Mini-Blumenkohl findet, kann auch stattdessen einen größeren Blumenkohl verwenden und ihn dementsprechend etwas länger backen.

GOBI MUSALLAM

BLUMENKOHL MIT TOMATEN-KOKOSSAUCE

1 Den Blumenkohl für 5 Min. in kochendem, mit Kurkuma verfeinertem Salzwasser blanchieren.

2 Die Zwiebelwürfel in heißem Olivenöl glasig dünsten. Danach Ingwer, Knoblauch und Chili zugeben und kurz mitdünsten. Dann Koriandersamen, Garam Masala, Kurkuma und Bockshornklee, Tomatenmark und Tomaten unterrühren und 5 Min. köcheln lassen.

3 Nun die Kokosmilch, die gemahlenen Cashewkerne sowie Agavendicksaft zugeben und alles gut verrühren. Die Sauce mit Salz & Pfeffer abschmecken.

4 Den Blumenkohl in eine geölte Backform geben. 2/3 der Sauce auf dem Blumenkohl verteilen und das Ganze bei 200° C im vorgeheizten Backofen 30 Min. backen und danach mit dem Rest der Sauce servieren.

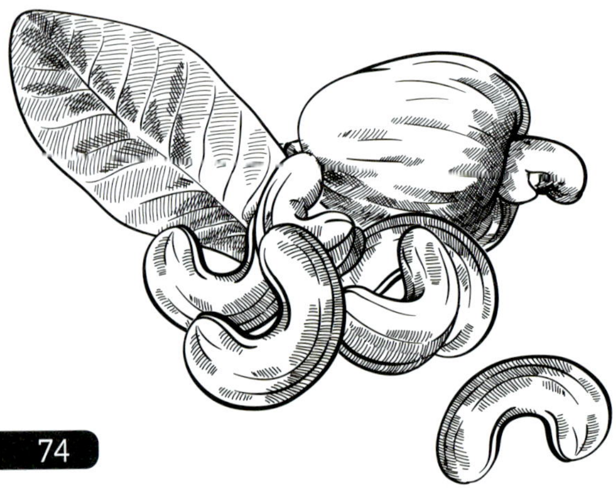

Vorbereitung: 20 Min. | Backzeit: 30 Min. | Kochzeit: 15 Min. | Portionen: 2

VILLA VEGANA
V
Indische Küche

VILLA VEG
V
Orientalisch/Afrikani

ORIENT & AFRIKA

>>> Sinnliche Reise von den arabischen Ländern
bis zum europäisch angehauchten Kap

KRÄUTER & GEWÜRZE

DIE WICHTIGSTEN BASICS

frische Minze
Sumach
Kurkuma
Kreuzkümmel samen
Kardamom
Rauch Paprika

VILLA VEGANA
V
PARAISO VEGANO MALLORCA
VILLA VEGANA
V
PARAISO VEGANO MALLORCA

269

VILLA VEGANA
V
Orientalische Küche

>>> *Unser Tipp: Die Bällchen lassen sich am besten formen, wenn ihr zwischendurch eure Hände unter kaltes Wasser haltet.

DAOUD BASHA

KÖFTE MIT SAFRAN-TOMATENSAUCE

1 **Köfte:** Das Sojagranulat kurz in heißer Gemüsebrühe einweichen, danach gut abtropfen und mit den Händen ausdrücken. Währenddessen den Reis gar kochen und zu dem Sojagranulat geben. Die Haferflocken unterrühren.

2 Zwiebeln, Knoblauch, Ingwer und Kreuzkümmel in 1 EL heißem Olivenöl anrösten. Danach zusammen mit Zitronenschale und etwas Saft in der Küchenmaschine fein pürieren und zur Reismischung geben. Tomatenmark, Zimt und Paprikapulver zugeben und alles ordentlich mit den Händen durchkneten. Mit Salz & Pfeffer abschmecken und die Masse ca. 15 Min. ruhen lassen.

3 Die Masse zu kleinen Bällchen formen* (ca. 4 cm Ø) und in heißem Öl goldbraun braten. Kurz vor dem Rausnehmen mit etwas Sojasauce ablöschen, kurz in der Pfanne schwenken und auf Küchenpapier legen.

4 **Tomatensauce:** Zwiebeln in einer Pfanne in heißem Öl glasig dünsten. Knoblauch, Koriandersamen und Kreuzkümmel kurz mit anschwitzen. Die Tomaten und die restlichen Zutaten (außer Minze und Pinienkernen) zugeben und ca. 30 Min. köcheln lassen. Mit Salz & Pfeffer abschmecken und mit Pinienkernen und Minze garnieren. Dazu schmeckt Reis oder Fladenbrot.

ZUTATEN

Köfte

80 g	Sojagranulat, fein
	Gemüsebrühe
350 g	Reis, gekocht
180 g	Haferflocken, zart
1	Zwiebel, gehackt
2	Knoblauchzehen, gehackt
1 EL	Ingwer, gehackt
1 TL	Kreuzkümmel
1	Zitrone, Abrieb & Saft
2 EL	Tomatenmark
1 TL	Zimt
2 TL	Paprikapulver (edelsüß)
2 EL	Sojasauce
	Öl zum Braten

Tomatensauce

4 EL	Olivenöl
½	Zwiebel, gehackt
2	Knoblauchzehen, gehackt
1 TL	Koriandersamen
1 TL	Kreuzkümmel
400 g	geschälte Tomaten (Dose)
5 EL	Sojajoghurt
1	rote Chilischote, gehackt
0,1 g	Safran
2 TL	Currypulver
3 TL	Granatapfelsirup
2 EL	Dill, getrocknet
	Minze & Pinienkerne
	Salz & frischer Pfeffer

Vorbereitung: 20 Min. / Ruhezeit: 15 Min. Kochzeit: 60 min Portionen: 4

ZUTATEN

60 ml	Olivenöl
6–8	Knoblauchzehen, gehackt
2	rote Chilischoten, Ringe
3–4	Frühlingszwiebeln, Ringe
4 EL	Tahini
2	Zitronen, Saft
800 g	Weiße Bohnen, gekocht
3	Tomaten, entkernt
6 EL	Petersilie, gehackt
	Salz & frischer Pfeffer
	Chilipilver (optional)

FUHL TAHINI

LAUWARMER BOHNENSALAT MIT TAHINI

1 Das Olivenöl in einem großen Topf erhitzen. Knoblauch, Chilischoten und die Frühlingszwiebeln für 1–2 Min. im heißen Öl schwenken. Das Tahini unterrühren und den Zitronensaft zugeben. Alles miteinander verrühren und die Bohnen hineingeben. Kurz erwärmen und vom Herd nehmen.

2 Die Tomaten entkernen, fein Würfeln und mit der gehackten Petersilie unterrühren. Mit Salz & Pfeffer abschmecken. (Je nach Geschmack noch mehr Zitronensaft bzw. etwas Chilipulver zugeben, falls es schärfer sein soll). Mit Pita- oder Fladenbrot servieren.

* In Ägypten wird »Fuhl« bereits zum Frühstück serviert.

Vorbereitung: 10 Min. Kochzeit: 5 Min. Portionen: 3–4

ZUTATEN

400 g	Kichererbsen, gekocht*
1 TL	Kreuzkümmel, gemahlen
1 TL	Paprikapulver, scharf
1	Knoblauchzehe
2 EL	Olivenöl
1 ½ EL	Tahini
½	Zitrone (Saft)
	schwarze Oliven (optional)

HUMMUS

ORIENTALISCHER KICHERERBSEN-DIP

1 Die Kichererbsen durch ein Sieb abschütten und dabei die Flüssigkeit auffangen und beiseitestellen. Anschließend die Kichererbsen und alle anderen Zutaten (bis auf die Oliven und die aufgefangene Flüssigkeit) in einen Mixer geben. Nach und nach die aufgefangene Flüssigkeit zugeben, bis die gewünschte Konsistenz erreicht ist. Eventuell noch mehr Zitronensaft unterrühren. Mit Oliven, Olivenöl und etwas Paprikapulver anrichten und mit Fladen- oder Pitabrot servieren.

*Wer mag kann selbstverständlich auch die Kichererbsen über Nacht einweichen und sie selber kochen.

Vorbereitung: 10 Min. Portionen: 4–6

ZUTATEN

- 4 EL Olivenöl
- 1 Zwiebel, gewürfelt
- 1 EL Ingwer, gehackt
- 2 TL Kreuzkümmelsamen
- 1 Knoblauchzehe, gehackt
- 2 rote Chilischoten, Ringe
- 2 Karotten, Scheiben
- 2 Selleriestangen, Ringe
- 1 Fenchelknolle, gewürfelt
- 1 Zimtstange
- 1 Sternanis
- 1 ½ l Gemüsebrühe
- 1 Zucchini, halbe Scheiben
- 150 g Kichererbsen, gekocht
- 100 g Couscous
- 2 Orangen (Saft)
- Abrieb ½ Orange
- 2 TL Paprikapulver, edelsüß
- Salz & frischer Pfeffer
- 3 EL Petersilie, gehackt
- 1 EL Sesamkörner, hell

VILLA VEGANA
V
Orient Spezial

>>> *Unser Tipp: Die Suppe sieht ganz besonders schön aus, wenn man sie in Glasschalen serviert. Dazu schmeckt Pita-Brot.

GEMÜSESUPPE ORIENT

MIT KICHERERBSEN & COUSCOUS

1 Das Olivenöl in einem Topf erhitzen und darin die Zwiebeln, Ingwer, Kreuzkümmel, Knoblauch und Chili ca. 3 Min. andünsten. Karotten, Sellerie, Fenchel, Zimt und Anis zugeben und weitere 4 Min. dünsten.

2 Das Ganze mit dem Orangensaft ablöschen. Die Brühe angießen und die Zucchini und die Orangenschale zugeben. Die Suppe ca. 10 Min. auf niedriger Flamme mit geschlossenem Deckel garen lassen.

3 Abschließend die Kichererbsen und den Couscous einrühren und weitere 5 Min. ziehen lassen. Mit Paprikapulver, Salz & Pfeffer abschmecken. Mit Petersilie und Sesamkörnern bestreuen und servieren.*

Vorbereitung: 15 Min.   Kochzeit: 20 Min.   Portionen: 4

VILLA VEGANA
V

ZUTATEN

800 g	Rote Bete, frisch*
4 EL	Olivenöl
1	rote Zwiebel, gehackt
2 EL	Ingwer, gehackt
1	rote Chilischote, Ringe
2 TL	Kreuzkümmel
1 TL	Koriandersamen
1	Zimtstange
1	Kartoffel, gewürfelt
500 ml	Rote-Bete-Saft
500 ml	Gemüsebrühe
1 EL	Agavendicksaft
1	Zitrone, Saft
	Salz & frischer Pfeffer
6	Datteln, grob gehackt
4	Aprikosen, getrocknet
1 EL	Sesamsaat

>>> * Unser Tipp: Wer Zeit sparen will, kann auch fertig gegarte Rote Bete verwenden.

ROTE BETE-SUPPE

NACH ORIENTALISCHER ART

1 Die Rote Bete in kochendem Salzwasser ca. 45–60 Min. weich kochen. Danach abgießen, etwas abkühlen lassen, schälen und würfeln.*

2 Die Kartoffel schälen und grob würfeln. Die Zwiebeln in einem Topf mit heißem Olivenöl glasig dünsten. Ingwer, Chili, Zimt, Kreuzkümmel, Koriandersamen und Kartoffelwürfel zugeben und unter Rühren 3–4 Min. rösten.

3 Rote-Bete-Saft und Gemüsebrühe angießen, aufkochen und ca. 25 Min. bei mittlerer Hitze köcheln lassen. Rote-Bete-Würfel zugeben, kurz mitkochen und die Suppe mit einem Pürierstab fein pürieren. Mit Agavendicksaft, Zitronensaft, Salz & Pfeffer abschmecken.

4 Suppe auf Tellern verteilen und mit Datteln, Aprikosenstreifen und Sesamkörnern anrichten.

Vorbereitung: 15 Min. | Kochzeit: 90 Min. | Portionen: 4

ZUTATEN

800 g	Hokkaido Kürbis*
2 TL	Koriandersamen
4 EL	Olivenöl
2 TL	Currypulver
2 TL	Paprikapulver, edelsüß
	Salz & frischer Pfeffer
4	Knoblauchzehen

Sesam-Dip

1	Zitrone, Abrieb
4 EL	Zitronensaft
1	Knoblauchzehe, gehackt
2 EL	Tahini
2 TL	Currypulver
2 EL	Sojajoghurt
2 EL	Olivenöl
4 EL	Petersilie, gehackt

KÜRBISSPALTEN

MIT SESAM-ZITRONEN-DIP

VILLA VEGANA
V
Orient Spezial

1 Den Backofen auf 200° C vorheizen. Den Kürbis waschen, halbieren und die Kerne ausschaben. Kürbis vierteln und nochmals halbieren. Nun in 2–3 cm dicke Spalten schneiden.

2 Die Koriandersamen grob im Mörser zerstoßen und mit Olivenöl, Curry, Paprika, Salz & Pfeffer verrühren. Die Kürbisspalten großzügig mit der Mischung einpinseln.

3 Den Knoblauch und die Kürbisspalten (mit der Schale nach unten) nebeneinander auf ein mit Backpapier ausgelegtes Blech legen und ca. 20–30 Min. backen.

4 **Dressing:** Alle Zutaten (außer der Petersilie) miteinander verrühren und pürieren. Die Kürbisspalten mit dem Dressing auf Tellern anrichten und mit Petersilie bestreuen.

Unser Tipp: Der Kürbis muss nicht geschält werden weil die Schale mitgegessen werden kann!

Vorbereitung: 20 Min. Backzeit: 20–30 Min. Portionen: 4

VILLA VEGANA
V
Orientalische Küche

>>> * Unser Tipp: Rote Linsen brauchen nicht eingeweicht werden. Da sie bereits geschält sind garen sie schneller als viele ihrer Verwandten.

ZUTATEN

Suppe

2 EL	Olivenöl
2	Zwiebeln, gehackt
2	Karotten, kleine Würfel
4	Knoblauchzehen, gehackt
2	Selleriestangen, feine Ringe
1	Tomate, fein gewürfelt
2	Lorbeerblätter
1 TL	Kreuzkümmel, gemahlen
½ TL	Muskat
1 TL	Kurkuma
250 g	rote Linsen, trocken*
1 ½ l	Gemüsebrühe
1	Zitrone, Saft
	Salz & frischer Pfeffer

Zwiebeln

2	rote Zwiebeln, Spalten
2 EL	Agavendicksaft
1 EL	Aceto Balsamico
1	Bund Thymian, frisch

SHURIT ADS

LINSENSUPPE MIT KARAMELLISIERTEN ZWIEBELN

1 Das Olivenöl in einem großen Topf erhitzen und die Zwiebeln darin glasig dünsten. Karotten, Knoblauch und Sellerie hinzufügen und für ein paar Min. auf mittlerer Flamme weiter dünsten. Nun die Tomate, Lorbeerblätter, Gewürze und Linsen zugeben. Kurz mitdünsten und dann mit Gemüsebrühe ablöschen. Für ca. 40 Min. auf kleiner Flamme köcheln lassen. Gelegentlich umrühren. (Falls die Suppe zu dick wird, einfach etwas mehr Brühe hinzufügen.) Mit Zitronensaft, Salz & Pfeffer abschmecken.

2 Die Zwiebelspalten mit einer Prise Salz und dem Agavendicksaft in einen Topf geben und auf mittlerer Stufe garen, bis sie schön durch sind. Nach ein paar Minuten mit dem Balsamico ablöschen. Solange rühren, bis der Balsamico verdampft ist. Die Suppe mit den Zwiebelspalten und frischem Thymian anrichten.

Vorbereitung: 10 Min. Kochzeit: 50 Min. Portionen: 4

ZUTATEN

2	Auberginen
4	Tomaten
2	Knoblauchzehen
1	Zitrone, Saft & Abrieb
2 EL	Olivenöl
1 TL	Chilipulver
1 TL	Rauchpaprikapulver
1 TL	Kreuzkümmel, gemahlen
2 TL	Agavendicksaft
3 TL	Granatapfelsirup
1 TL	Korianderpulver
2 EL	Petersilie, gehackt
2 EL	Minze, gehackt
	Salz & frischer Pfeffer

ZAALOUK

RAUCHAUBERGINEN-DIP

1 Ofen auf 200° C (Umluft mit Oberhitze) vorheizen. Die Auberginen mit einem spitzen Messer rundherum einstechen und dann auf ein mit Backpapier ausgelegtes Backblech legen. Für ca. 1 Std. in den Ofen geben (ca. alle 20 Min. drehen).

2 Anschließend die Auberginen herausnehmen und abkühlen lassen. Das Innere mit einem Löffel heraus schaben, in ein Sieb geben und die Flüssigkeit ausdrücken. Auberginen hacken und in eine Schüssel geben. Tomaten an der Unterseite kreuzförmig einritzen und kurz überbrühen. Danach die Schale entfernen, Tomaten fein hacken und zugeben. Knoblauch hineinpressen, 4 Esslöffel Zitronensaft und den Abrieb zugeben, Olivenöl, Kräuter und den Rest der Zutaten untermengen und mit Salz & Pfeffer abschmecken. Mit Pita- oder Fladenbrot servieren.

Vorbereitung: 10 Min. Backzeit: 1 Std. Portionen: 2–3

AL-RAHEB

SALAT MIT GERÄUCHERTEN AUBERGINEN

1 Ofen auf 200° C (Umluft mit Oberhitze) vorheizen. Die Auberginen mit einem spitzen Messer rundherum einstechen und dann auf ein mit Backpapier ausgelegtes Backblech legen. Für ca. 1 Std. in den Ofen geben (ca. alle 20 Min. drehen).

2 Anschließend die Auberginen herausnehmen und abkühlen lassen. Das Innere mit einem Löffel heraus schaben, in ein Sieb geben und die Flüssigkeit ausdrücken. Auberginen hacken und in eine Schüssel geben. Granatapfel entkernen und mit Tomaten, Paprika, Frühlingszwiebeln, Knoblauch und Petersilie zu den Auberginen geben.

3 Aus Limettensaft*, Olivenöl, Sumach und Granatapfelsirup ein Dressing zubereiten und unterrühren. Mit Salz & Pfeffer abschmecken und mit etwas frischer Minze garnieren.

Vorbereitung: 10 Min.   Backzeit: 1 Std.   Portionen: 3

ZUTATEN

2	Auberginen
1	Granatapfel
4	Tomaten, gewürfelt
1	grüne Paprika, gewürfelt
2	Frühlingszwiebeln, Ringe
3	Knoblauchzehen, gehackt
1	Bund Petersilie, gehackt
2	Limetten, Saft*
150 ml	Olivenöl
2 TL	Sumach
3 TL	Granatapfelsirup
1	Bund Minze
	Salz & frischer Pfeffer

*Unser Tipp: Alternativ kann man auch Zitronensaft nehmen.

ZUTATEN

250 g Sojagranulat
Olivenöl
Gemüsebrühe
1 EL Paprikapulver
2 rote Zwiebeln, Ringe
3 Knoblauchzehen, gehackt
400 g Kichererbsen, gekocht
1 Zimtstange
4 TL Kreuzkümmelsamen
1 Lorbeerblatt
2 EL Tomatenmark
400 g Tomaten, geschält (Dose)
250 ml Gemüsebrühe
1 EL Dillspitzen, getrocknet
2–4 TL Harissa
Salz & frischer Pfeffer
2 Auberginen
Rauchpaprikapulver

Bechamel
50 g Pflanzenmargarine
30 g Mehl
125 g Sojasahne
125 ml Gemüsebrühe
200 ml No-Muh Melty-Sauce*

>>> *Unser Tipp: Wer keine Melty-Sauce zur Hand hat, kann stattdessen 200 ml mehr Sojasahne nehmen und 4 El Hefeflocken zugeben.

ORIENT MOUSSAKA

MIT KICHERERBSEN & "KÄSEBECHAMEL"

1 Backofen auf 220° C (Umluft) vorheizen. Das Sojagranulat kurz in kochender Gemüsebrühe einweichen und danach scharf in reichlich Olivenöl anbraten. Mit Paprika, Salz & Pfeffer würzen und beiseitestellen.

2 1 ½ Zwiebeln in Olivenöl anbraten, Knoblauch, Kichererbsen, Zimtstange, Kreuzkümmel und Lorbeer zugeben und mitdünsten. Nun vorbereitetes Sojahack und Tomatenmark unterrühren und kurz mitdünsten. Tomaten und Gemüsebrühe zugeben und mit Dill, Salz, Pfeffer und Harissa abschmecken. 15 Min. auf kleiner Flamme köcheln lassen.

3 Währenddessen Auberginen in Scheiben schneiden, auf Küchenpapier legen und kräftig salzen. Nach ca. 5 Min. mit Küchenpapier abtupfen, die Auberginen mit Rauchpaprikapulver bestreuen und mit Olivenöl einpinseln. Auf ein mit Backpapier ausgelegtes Backblech legen und 10 Min. (mittlere Schiene) backen.

4 Währenddessen Pflanzenmargarine in einem kleinen Topf schmelzen. Mehl darin anschwitzen und mit Sahne und Brühe ablöschen. Dann die Melty-Sauce unterrühren.*

5 Eine Auflaufform einfetten. Soja-Hackmasse hineingeben, Auberginen darauf verteilen und mit der Bechamel-Sauce und den restlichen Zwiebelringen abschließen. 15–20 Min. bei 180° C im Ofen backen.

Vorbereitung: 15 Min. Kochzeit: 20 Min. / Backzeit: 30 Min. Portionen: 6

VILLA VEGANA
V
Orientalische Küche

ZUTATEN

- 500 g Paprikaschoten, rot
- 100 g Walnüsse
- 50 g Weißbrot (vom Vortag)
- 1–2 Knoblauchzehen, gehackt
- 1 kleine Zwiebel, gehackt
- 1–3 TL Harissa (nach Geschmack)
- 4 EL Olivenöl
- 3 TL Granatapfelsirup
- 2 TL Kreuzkümmel
- Salz & frischer Pfeffer
- Granatapfelkerne

>>> * Unser Tipp: Wer einen Grillofen hat, kann die Paprika selbstverständlich auch in diesem grillen!

MUHAMMARA

LEVANTINISCHER PAPRIKA-WALNUSS-DIP

1 Ofen auf 250° C (Oberhitze) vorheizen. Paprikaschoten waschen, halbieren und Stiel und Kerngehäuse entfernen. Auf ein Backblech legen und im Ofen so lange rösten, bis die Haut schwarz wird und Blasen wirft (ca. 15 Min.). Herausnehmen, abkühlen lassen und die Haut abziehen.

2 Walnüsse in der Pfanne ohne Fett anrösten. Brot in Würfel schneiden und mit Knoblauch, Zwiebeln und Walnüssen in der Küchenmaschine recht fein mahlen. Die gehäuteten Paprika zugeben und mit Brot- und Nusskrümeln pürieren. Harissa, Olivenöl und Granatapfelsirup zugeben und kurz mitpürieren. Die Masse sollte fein und sämig sein, aber noch etwas "Textur" haben. Mit Kreuzkümmel, Salz & Pfeffer abschmecken und mit Granatapfelkernen anrichten. Dazu schmeckt geröstetes Pita-Brot.

Vorbereitung: 20 Min. Backzeit: 15 Min. Portionen: 4

ZUTATEN

2	Auberginen
2	Knoblauchzehen
2 EL	Olivenöl
4 EL	Tahini
2–4 EL	Zitronensaft
1 TL	Kreuzkümmel, gemahlen
1 TL	Rauchpaprikapulver
2 TL	Salz
2 EL	Petersilie, gehackt
6	Oliven, schwarz

BABA GANOUSH

DIP AUS GERÄUCHERTEN AUBERGINEN

1 Backofen auf 220° C (Oberhitze) vorheizen. Die Auberginen mit einer Gabel ringsherum einstechen und auf ein mit Backpapier ausgelegtes Blech legen. Für ca. 35 Min. im Ofen rösten. Danach herausnehmen und abkühlen lassen. Anschließend die Haut entfernen, bzw. das Fruchtfleisch mit einem Löffel heraus schaben.

2 Auberginen, Knoblauch, 1 Esslöffel Olivenöl, Tahini, 2 Esslöffel Zitronensaft, Kreuzkümmel und Rauchpaprikapulver in den Mixer geben und auf kleinster Stufe pürieren. Je nach Geschmack noch mehr Zitronensaft zugeben und mit Salz abschmecken. Mit Petersilie, Oliven und etwas Olivenöl anrichten und mit Pita- oder Fladenbrot servieren.

* Baba Ganoush ist auch unter dem Namen Mutabbal bekannt und wird gerne zu Falafel serviert.

Vorbereitung: 10 Min. Backzeit: 35 Min. Portionen: 4

VILLA VEGANA
V
Afrikanische Küche

>>> * Unser Tipp: Wer keinen veganen Käse zur Hand hat, kann auch die Bechamel von Seite 94 über den Auflauf geben.

ZUTATEN

2	Scheiben altes Brot
5 EL	Olivenöl
1	Süßkartoffel, gewürfelt
1	Zwiebel, gehackt
1	Apfel, gewürfelt
2	Karotten, feine Scheiben
2 TL	Ingwer, gehackt
1	grüne Chilischote, gehackt
3 TL	Currypulver
2 TL	Piment, gemahlen
2 TL	Garam Masala
3	Tomaten, gewürfelt
2 EL	Tomatenmark
200 g	grüne Bohnen
400 ml	Gemüsebrühe
400 g	braune Linsen, gekocht
3 EL	Zitronensaft
1	Lorbeerblatt
2 EL	Aprikosenmarmelade
4 EL	Rosinen
2 EL	Sojasauce
	Salz & frischer Pfeffer

200 g	veganer Käse zum Überbacken*

LINSEN-BOBOTI

FRUCHTIG-SCHARFER GEMÜSEAUFLAUF

1 Die Brotscheiben in eine Schüssel geben und mit Wasser bedecken. Für ein paar Min. einweichen, danach gut abtropfen lassen und beiseitestellen.

2 Backofen auf 180° C (Oberhitze) vorheizen. Zwiebeln, Süsskartoffelwürfel, Karotten und Apfelstücke ein paar Min. in heißem Olivenöl andünsten. Ingwer, Chili, Curry, Piment und Garam Masala zugeben und kurz mitdünsten. Nun die Tomaten, das Tomatenmark und die Bohnen unterrühren und ebenfalls für 5 Min. auf kleiner Flamme mitdünsten. Mit Gemüsebrühe ablöschen. Linsen, Zitronensaft, Lorbeerblatt, Aprikosenmarmelade, Rosinen und Sojasauce zugeben und auf kleiner Flamme weitere 5 Min. garen.

3 Nun das Brot zu dem Eintopf geben und unterrühren. Mit Salz & frischem Pfeffer abschmecken. Den Eintopf auf feuerfeste Suppenteller verteilen und mit veganem Käse bestreuen. Für 10–15 Min. im Backofen überbacken.

Vorbereitung: 20 Min. | Kochzeit: 20 Min. | Backzeit: 15 Min. | Portionen: 4

ZUTATEN

- 80 ml Olivenöl
- 1 Zwiebel, fein gehackt
- 4 Knoblauchzehen, gehackt
- 2 TL Koriandersamen
- 2 TL Kümmel
- 3 Karotten, fein gewürfelt
- 1 EL Tomatenmark
- 1 TL Harissa*
- 1 TL Kurkuma
- 2 TL Rauchpaprikapulver
- 300 g Basmatireis
- 800 ml Gemüsebrühe
- 400 g Kichererbsen, gekocht
- 250 g Spinat, frisch
- 2 EL Petersilie, gehackt
- 1 Zitrone, Saft
- Salz & frischer Pfeffer

RIZ DJERBIEN

SPINAT-REISPFANNE MIT KICHERERBSEN

1 Das Olivenöl in einem großen Topf erhitzen. Zuerst die Zwiebeln, dann Knoblauch, Koriandersamen, Kümmel und Karotten zugeben und ein paar Min. andünsten. Das Tomatenmark, Harissa (bzw. die gehackte Chilischote), Kurkuma, Rauchpaprikapulver und den Reis zugeben und unter Rühren 1 Min. mitdünsten. Mit der heißen Gemüsebrühe ablöschen, die Kichererbsen zugeben und alles bei halb offenem Deckel so lange köcheln lassen, bis die Flüssigkeit verkocht ist (ca. 10 Min.).

2 Den Spinat fein hacken und mit der Petersilie und dem Zitronensaft zu dem Reis geben. Mit Salz & Pfeffer würzen, verrühren und das Ganze dann mit geschlossenem Deckel 15 Min. ruhen lassen, damit der Reis fertig garen kann.

>>> * Anstelle von Harissa könnt ihr auch eine frische Chilischote nehmen.

Vorbereitung: 5 Min. | Kochzeit: 30 Min. | Portionen: 4

CHAKALAKA

GEMÜSESALAT MIT INGWER-CHILI-SAUCE

ZUTATEN

100 ml	Olivenöl
1	Zwiebel, Ringe
2	Knoblauchzehen, gehackt
2	Chilischoten, gehackt
2 TL	Ingwer, gehackt
3	Paprikaschoten, in Streifen (rot, gelb & grün)
4	Tomaten, gewürfelt
400 g	Weißkohl, gehobelt
400 g	Karotten, gehobelt
1 EL	Cayennepfeffer
4 EL	Currypulver
2 EL	Paprikapulver edelsüß
1	Schuss Weißweinessig
400 g	"Baked Beans"
	Salz & frischer Pfeffer

Optional
1–2 EL Piri Piri*

1 Die Zwiebelringe in einer Pfanne mit heißem Olivenöl anschwitzen. Knoblauch, Chilischote und Ingwer zugeben und kurz mitdünsten. Dann Paprikastreifen und Tomaten zugeben und unter Rühren ein paar Min. mitdünsten. Als Nächstes Karotten, Kohl, Cayennepfeffer, Paprika- und Currypulver zugeben und unter Rühren ein paar Min. weiterdünsten.

2 Nun das Ganze mit einem Schuss Weißweinessig ablöschen und die Bohnen zufügen. Mit Salz, Pfeffer und – wer es scharf mag – mit Piri Piri abschmecken. Mit Brot oder Reis servieren. (Schmeckt am besten, wenn es einen Tag durchzieht. Kann warm oder kalt serviert werden.)

>>> * Piri Piri-Sauce besteht aus scharfen Chilis, süßer Paprika, Knoblauch und frischer Zitrone.

Vorbereitung: 20 Min. Kochzeit: 20 Min. Portionen: 4–6

ZUTATEN

350 g	Pardina-Linsen*
40 ml	Olivenöl
1	Zwiebel, gehackt
1 EL	Ingwer, gehackt
2	Knoblauchzehen, gehackt
1	Chilischote, gehackt
3 TL	Kreuzkümmel
1	Zimtstange
2	Selleriestangen, Ringe
2	Karotten, gewürfelt
2	rote Paprika, gewürfelt
2 EL	Tomatenmark
400 g	Dosentomaten, fein gehackt
250 ml	passierte Tomaten
1 ½ l	Gemüsebrühe
200 g	Sojagranulat
1	Zucchini, Würfel
400 g	Kichererbsen, gekocht
1 TL	Kurkuma
1 TL	Piment, gemahlen
2 TL	Ras el Hanout
1	Zitrone, Saft & Abrieb
4 TL	Paprikapulver
4 TL	Currypulver
200 g	Nudeln (z. B. Rigati)
1	Bund Petersilie, gehackt
1	Bund Koriander, gehackt
	Salz & frischer Pfeffer
	Harissa, nach Geschmack

>>> *Unser Tipp: Wer sich die nächtliche Wartezeit sparen will, kann auch anstelle der Pardina Linsen rote Linsen nehmen. Diese müssen nicht eingeweicht werden.*

HARIRA

LINSENEINTOPF MIT NUDELN & GEMÜSE

1 Linsen über Nacht in einer Schüssel mit aureichend Wasser einweichen. Am nächsten Tag abgießen.

2 20 ml Öl in einem großen Topf erhitzen und darin Zwiebeln, Ingwer, Knoblauch und Chilischote 2–3 Min. andünsten. Dann Kreuzkümmel, Zimtstange, Sellerie und Karotten zugeben und ein paar Min. mitdünsten. Als nächstes Paprika, Linsen und Tomatenmark zugeben und unter Rühren 1 Min. weiterdünsten. Die gehackten Tomaten sowie die passierten Tomaten zugeben und verrühren. Die Gemüsebrühe angießen und alles 15 Min. auf kleiner Flamme köcheln lassen.

3 Währenddessen das Sojagranulat kurz in heißer Gemüsebrühe einweichen und wieder abgießen. In einer Pfanne mit 20 ml Öl knusprig braten und kräftig mit Salz & Pfeffer würzen. Zusammen mit Kichererbsen, Zucchini, Zitronenschale und Gewürzen zum Eintopf geben und ca. 20 Min. weiter köcheln lassen, bis alles gar ist.

4 In der Zwischenzeit die Nudeln in sprudelndem Salzwasser bissfest garen. Den Eintopf mit Zitronensaft, Salz, Pfeffer und Harissa abschmecken und die Petersilie unterrühren. Die Nudeln auf Teller verteilen, mit Eintopf auffüllen und mit frischem Koriander bestreuen.

Vorbereitung: 15 Min. / Einweichen: über Nacht **Kochzeit: 45 Min.** **Portionen: 6**

VILLA VEGANA
V
Orientalische Küche

VILLA VEG
V
Asiatisch

ASIEN

>>> Kleine Einblicke von Japan über Korea nach Malaysien, Thailand & China

VILLA VEGANA
V
VILLA VEGANA
V

VILLA VEGANA
V
VILLA VEGANA
V

KRÄUTER & GEWÜRZE

DIE WICHTIGSTEN BASICS

Tamarinden-
<<< paste
Frühlings
zwiebeln >>>
<<< Currypulver
Zitronen-
gras >>>
Sojasauce
Kaffir >>>

VILLA VEGAN
V
Asiatisch

>>> * Unser Tipp: Man kann die Wasabi-Mayo auch noch grüner machen, indem man einen Teelöffel Matcha mit etwas warmem Wasser verrührt und dazugibt.

VILLA VEGANA – V – Asien-Spezial

QUINOA-TARTE

MIT WASABI-MAYONNAISE

1 Für die Mayonnaise alle Zutaten in der Küchenmaschine zu einer homogenen Sauce vermischen.

2 Quinoa nach Packungsbeilage kochen und anschließend abkühlen lassen. Den Ingwer fein hacken, die Paprika fein würfeln, Frühlingszwiebeln in feine Ringe schneiden, die Salatgurke fein würfeln und alles in einer Schüssel mit der Quinoa vermengen. Sesamöl, Reisessig und Chili-Sauce in einer kleinen Schüssel verrühren und die Sauce zum Quinoa-Salat geben. Gut verrühren und mit Salz & Pfeffer abschmecken.

3 Die Avocado(s) in dünne Scheiben schneiden und diese mit dem Limettensaft beträufeln, sodass die Avocados nicht braun werden. Die Scheiben ringsherum an die Innenwand eines Servierrings (Ø 8 cm) drücken und dabei leicht überlappen lassen, sodass man einen geschlossen Avocado-Ring erhält. In die Mitte anschließend den Quinoa-Salat geben und mit einem Esslöffel fest andrücken. Dann den Ring langsam nach oben ziehen. Mit Alfalfa-Sprossen, Cherrytomaten, Wasabi-Mayonnaise und etwas Sesam anrichten.

ZUTATEN

Mayonnaise*

2 EL	vegane Mayonnaise
50 ml	Pflanzenmilch, ungesüßt
1–2 TL	Wasabi-Paste
150 g	Seidentofu

Tarte

200 g	Quinoa
2 TL	Ingwer, fein gehackt
2	Paprikaschoten (rot & gelb)
3	Frühlingszwiebeln
1	Salatgurke
1 EL	Sesamöl
5 EL	Reisessig
3 EL	Chili-Sauce, süßsauer
1–2	Avocado(s)
1	Limette, Saft

Deko

1 Pck.	Alfalfa-Sprossen
4	Cherrytomaten
2 EL	schwarzer Sesam

Vorbereitung: 20 Min. Kochzeit: 20 Min. Portionen: 4–6

ZUTATEN

Dressing

80 ml	Reisessig
1 EL	Rohrzucker
2 TL	Salz
2 TL	Sesamöl
1 EL	Chilisauce, süßsauer

2	Salatgurken
2	Knoblauchzehen, Scheiben
80 g	Erdnüsse
1	rote Zwiebel
1	Bund Koriander, frisch

AJAAD

GURKENSALAT MIT CHILI & ERDNÜSSEN

1 Reisessig, Rohrzucker und Salz in einem kleinen Topf aufkochen, bis der Zucker sich aufgelöst hat. Abkühlen lassen und danach Sesamöl und Chilisauce unterrühren.

2 Knoblauchstreifen und Erdnüsse in einer Pfanne ohne Fett vorsichtig anrösten. Abkühlen lassen.

3 Die Salatgurken der Länge nach halbieren und mit einem kleinen Löffel das Kerngehäuse entfernen. Die Gurken in Scheiben schneiden und in eine Schüssel geben. Die Zwiebel in feine Ringe schneiden und mit dem Dressing, dem Knoblauch und den Erdnüssen zu den Gurken geben, gut vermischen und ca 20 Min. ziehen lassen. Mit Koriander servieren.

*Ajaad wird in Thailand gerne zu süßlichen Currys serviert.

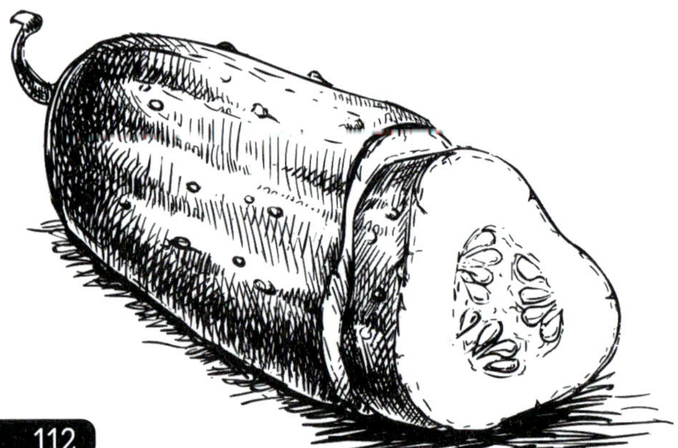

Vorbereitung: 10 Min. Kochzeit: 5 Min. Portionen: 4

WAN-TAN SUPPE

GEMÜSEBRÜHE MIT TEIGTASCHEN

1 **Wan-Tans:** Die Shiitake-Pilze grob hacken und kurz ein einer Pfanne in Sesamöl anbraten. Danach mit der Hälfte der Frühlingszwiebeln, Knoblauch und dem Ingwer mischen und im Mixer nicht zu fein pürieren. Mit Sojasauce und Cayennepfeffer abschmecken. Die Wan-Tan Blätter auf der Arbeitsfläche ausbreiten und jeweils 1–2 TL der Füllung in die Mitte setzen. Die Ränder mit Wasser bestreichen und dann eine Ecke so über die Füllung klappen, dass Dreiecke entstehen.* Die Ränder gut zusammendrücken.

2 **Brühe:** Alle Zutaten in einem Topf erhitzen und ein paar Min. köcheln lassen. Wan-Tans darin auf kleiner Flamme 2–3 Min. garen. Mit den restlichen Frühlingszwiebeln auf Tellern anrichten.

Vorbereitung: 15 Min. Kochzeit: 10 Min. Portionen: 4

ZUTATEN

Wan-Tans

150 g	Shiitake Pilze
3 TL	Sesamöl
2	Frühlingszwiebeln, Ringe
1	Knoblauchzehe, gehackt
2 TL	Ingwer, gehackt
1 EL	Sojasauce
	Cayennepfeffer
16	Wan-Tan Blätter

Brühe

2 cm	Ingwer, gerieben
1 l	Gemüsebrühe
2 EL	Mirin (Reiswein)
4 EL	Sojasauce
1 EL	Reisessig
	Salz

*Unser Tipp: Es gibt die unterschiedlichsten Falttechniken für Wan-Tans – einfach mal im Internet inspirieren lassen!

ZUTATEN

700 g	Süßkartoffeln
3 TL	Meersalz
5 EL	Oliven- oder Erdnussöl
1	Zitronengrasstängel
1 EL	Ingwer, gehackt
3	Knoblauchzehen, gehackt
3	Tomaten, gehackt
200 ml	Kokosmilch
2 EL	Miso-Paste
1–2 EL	Tamarinden-Paste
2 TL	Currypulver
1 TL	Rohrzucker
500 ml	Gemüsebrühe
250 g	Linguini*

Topping

200 g	Tofu, Scheiben
2 EL	Agavendicksaft
50 g	Erdnüsse, gehackt, geröstet
1	rote Chilischote, Ringe
2	Frühlingszwiebeln, Ringe
50 g	Röstzwiebeln
125 g	Bohnensprossen
2	Limetten, halbiert

>>> * Unser Tipp: Das Original-Rezept wird mit frischen Eiernudeln zubereitet – wir haben sie durch Linguine ersetzt. Zu diesem Gericht schmecken aber auch Soba- oder Reisnudeln!

MEE REBUS

SÜSSKARTOFFEL-SUPPE MIT NUDELN & TOFU

1 Die Kartoffeln schälen, würfeln und in kochendem Wasser ca. 10 Min. gar kochen. Abtropfen lassen, salzen und stampfen.

2 Das Öl in einem großen Topf erhitzen. Den weichen Teil des Zitronengrases fein hacken und mit Ingwer und Knoblauch anbraten. Tomaten, Kokosmilch, Miso- und Tamarindenpaste, Curry und Zucker unterrühren und 3 Min. dünsten. Nun die gestampften Süßkartoffeln zugeben und nach und nach die Gemüsebrühe angießen, bis die gewünschte Konsistenz erreicht ist.

3 Die Nudeln in sprudelndem Salzwasser bissfest garen. Währenddessen in einer Pfanne etwas Öl erhitzen und die Tofuscheiben darin ca. 5 Min. kross anbraten. Den Agavendicksaft zugeben und kurz karamellisieren lassen.

4 Die Nudeln zur Süßkartoffelsuppe geben und gut vermischen. Auf Teller verteilen und mit Tofu, Erdnüssen, Chili, Frühlingszwiebeln, Röstzwiebeln, Bohnensprossen und Limetten-Hälfte anrichten und servieren. (Den Limettensaft vor dem Verzehr auf der Suppe verteilen.)

Vorbereitung: 10 Min. **Kochzeit: 25 Min.** **Portionen: 4**

VILLA VEGANA

THAI-SOBANUDELN

MIT FRISCHER INGWER-CHILI SAUCE

ZUTATEN

250 g schwarze Sobanudeln*
3 Knoblauchzehen, gehackt
1 EL frischer Ingwer, gehackt
1 rote Chilischote, Ringe
50 ml Olivenöl
4 Karotten, Streifen
2 TL Rohrzucker
1 Zitrone, Saft & Abrieb
20 Cherrytomaten, halbiert
2 Frühlingszwiebeln, Ringe
1 Bund Koriander, frisch
Salz & frischer Pfeffer

VILLA VEGANA
V
Asien-Spezial

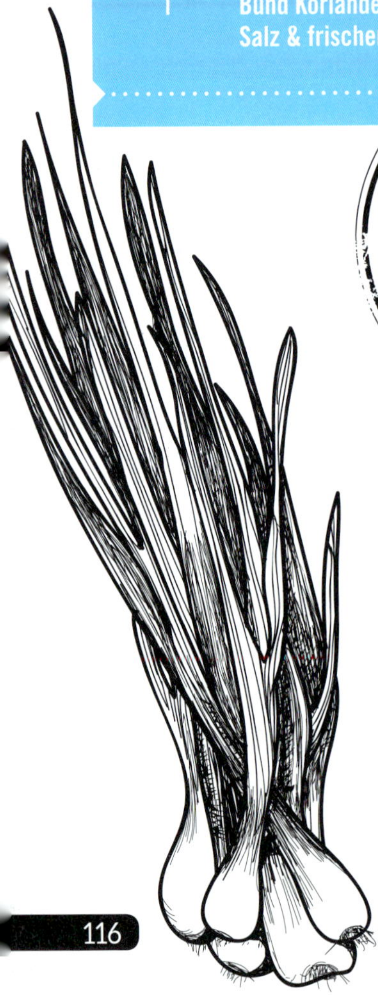

* Unser Tipp: Schmeckt auch mit jeder anderen Nudelsorte!

1 Die Nudeln in sprudelndem Salzwasser bissfest garen.

2 Knoblauch, Ingwer und Chili in einer großen Pfanne kurz in heißem Olivenöl anschwitzen. Die Karotten zugeben und für 4 Min. mitdünsten. Den Zucker unterrühren und kurz karamellisieren lassen. Etwas Zitronensaft und Abrieb unterrühren. Die Cherrytomaten zugeben und für ein paar Min. weiterdünsten. Mit Salz und frischem Pfeffer abschmecken.

3 Die Nudeln in die Pfanne zum Gemüse geben und alles gut vermischen. Auf Tellern anrichten und mit Frühlingszwiebeln und frischem Koriander servieren.

Vorbereitung: 10 Min. Kochzeit: 10 Min. Portionen: 3–4

TOM KHA HAD

INGWER-KOKOSSUPPE MIT PILZEN

1 Das Olivenöl mit der Currypaste verrühren und in einen Topf geben. Das Zitronengras längs halbieren und etwas zerdrücken. Die Limettenblätter halbieren, die Chilischote entkernen und in feine Streifen schneiden. Alles in den Topf geben und zusammen mit dem Ingwer, dem Zucker, der Brühe und der Kokosmilch zum Kochen bringen und 5 Min. köcheln lassen.

2 Die Karotte, den Weißkohl, die Pilze und die Frühlingszwiebeln in feine Streifen schneiden und alles zur Suppe geben und ca 10 Min. köcheln lassen. Mit Limettensaft und Sojasauce abschmecken.

3 Die halbierten Tomaten auf Suppenschüsseln verteilen und die Suppe darübergießen. Mit Koriander anrichten und servieren.

Vorbereitung: 10 Min. **Kochzeit: 15 Min.** **Portionen: 3–4**

ZUTATEN

1 EL	Olivenöl
½ EL	rote Currypaste
2	Zitronengrasstängel
2	Kaffirblätter*
1	rote Chilischote
4 cm	Ingwer, feine Streifen
2 TL	Rohrzucker
400 ml	Gemüsebrühe
400 ml	Kokosmilch
1	Karotte, Streifen
200 g	Weißkohl, Streifen
2	Frühlingszwiebeln, Streifen
100 g	Champignons, Streifen
200 g	Austernpilze, Streifen
1	Limette, Saft
2 EL	Sojasauce
6	Cherrytomaten, halbiert
1	Bund Koriander, frisch

*Die Blätter der Kaffirlimette haben einen pikant-zitronigen Geschmack und sind in Asialäden erhältlich.

VILLA VEG
V
Asiatische Küche

>>> * Unser Tipp: Die Nuggets kann man mit oder ohne Beilage (z. B. Reis) servieren. Sie schmecken aber auch zu asiatischen Curries sehr lecker.

KARAAGE

KNUSPRIG GLACIERTE ZITRONEN-NUGGETS*

1 Die Sojamedaillons in eine große Schüssel geben und mit heißer Gemüsebrühe übergießen. 10 Min. ziehen lassen, gut abtropfen, mit den Händen ausdrücken und einmal grob in der Mitte zerpflücken.

2 **Marinade:** Reisessig, Sojasauce, Reiswein, Sesamöl, Knoblauch und Ingwer in einer grossen Schüssel miteinander vermischen. Die Medaillons in die Schüssel geben und alles gut miteinander verrühren. Für mindestens 2 Std. marinieren.

3 Die Medaillons gut ausdrücken und in einer Schüssel mit dem Mehl vermischen. Das Öl in einer Pfanne sehr hoch erhitzen und die Medaillons darin portionsweise goldbraun ausbacken. Auf Küchenpapier abtropfen lassen.

4 **Glasur:** Nun alle Zutaten für die Glasur in einen kleinen Topf geben und zum Kochen bringen, bis die Glasur eingedickt ist. Mit den Medaillons verrühren, mit Sesamkörnern und Frühlingszwiebeln bestreuen und sofort servieren.

ZUTATEN

10	Sojamedaillons
500 ml	Gemüsebrühe
40 g	Mehl
120 ml	Erdnuss-Öl

Marinade:

3 EL	Reisessig
2 EL	Sojasauce
1 EL	Mirin (Reiswein)
1 EL	Sesamöl, geröstet
3	Knoblauchzehen, gehackt
1 TL	frischer Ingwer, gehackt

Zitronen-Glasur:

60 ml	Reisessig
3 EL	Rohrzucker
1	Zitrone, Saft & Abrieb
1 TL	Maisstärke
2 TL	Wasser

Deko

1 EL	Sesamkörner
1	Frühlingszwiebel

Vorbereitung: 20 Min. / Marinieren: 2 Std. Kochzeit: 15 Min. Portionen: 3

OKONOMIYAKI

GEMÜSE-PFANNKUCHEN

ZUTATEN

500 g	Weißkohl, geraspelt
100 g	Karotten, geraspelt
1	rote Paprika, gehackt
3	Frühlingszwiebeln, Ringe
1 EL	Ingwer, gehackt
3 EL	Nori-Algen (Flocken)
3 EL	Sojasauce
1 EL	Sesamöl
2 EL	Hefeflocken
250 g	Dinkelmehl
100 g	Kichererbsenmehl
100 ml	Wasser
3 TL	Kala Namak
	Salz & frischer Pfeffer
	Öl zum Braten

Tonkatsu-Sauce

100 g	Ketchup
6 EL	Sojasauce
2 EL	Reisessig
2 EL	Agavendicksaft
2 TL	Senf

Topping

200 g	Räuchertofu, Scheiben
150 g	vegane Mayonnaise (Rezept Seite 168)

1 Das vorbereitete Gemüse in eine Schüssel geben und mit der Hälfte der Frühlingszwiebeln, Ingwer, Nori-Algen, Sojasauce, Sesamöl und Hefeflocken vermischen. Das Dinkel- und Kichererbsenmehl dazusieben. Das Wasser unterrühren und mit Kala Namak, Salz & Pfeffer würzen.

2 Alle Zutaten für die Tonkatsu-Sauce in einer kleinen Schüssel miteinander verrühren.

3 Eine große Pfanne mit Öl erhitzen und 4 gleich große Kleckse der Masse hineingeben. Mit einem Pfannenwender platt drücken und von beiden Seiten ca. 5 Min. goldbraun braten.

4 Den Räuchertofu währenddessen in einer zweiten Pfanne knusprig braten. Die fertigen Pfannkuchen auf Tellern anrichten und mit Räuchertofu, Mayo, Tonkatsu-Sauce und Frühlingszwiebeln dekorieren.

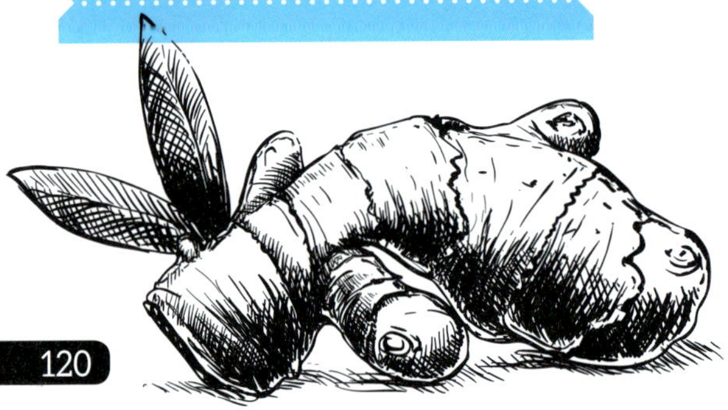

Vorbereitung: 15 Min. Kochzeit: 20 Min. Ergibt ca 8 Stück

LAAB SEITAN

LAUWARMER SALAT AUS GEHACKTEM SEITAN

1 Den Seitan mit einem Messer in sehr kleine Stücke hacken, mit 25 ml Limettensaft und 2 EL Sojasauce mischen und ca. 15 Min. marinieren. Das Kokosöl in einer Pfanne erhitzen und das Seitanhack darin scharf anbraten. Danach etwas abkühlen lassen.

2 Währenddessen den weichen Teil des Zitronengrases sehr fein hacken, Ingwer fein würfeln. Zwiebeln, Frühlingszwiebeln, Koriander, Basilikum, Minze und Chilischoten fein schneiden und alles zur Seite stellen.

3 Den Seitan mit restlicher Sojasauce, Limettensaft und Agavendicksaft abschmecken und die Zwiebel-Kräutermischung unterrühren. Seitanhack auf Salatblättern mit Gurken anrichten und noch lauwarm servieren.

Vorbereitung: 15 Min. / Marinieren: 15 Min. **Kochzeit: 10 Min.** **Portionen: 2–3**

ZUTATEN

500 g	Seitan, fein gehackt*
4 EL	Sojasauce
50 ml	Limettensaft, frisch
1 EL	Kokosöl
2	Zitronengrasstängel
1 EL	Ingwer, gehackt
1	rote Zwiebel, Ringe
2	Frühlingszwiebeln, Ringe
10 g	Koriander, frisch
10 g	Thai-Basilikum
10 g	Minze, frisch
4	rote Chilischoten, gehackt
3 TL	Agavendicksaft
1	Gurke, Scheiben
etwas	Blattsalat

*Unser Tipp: Der Seitan kann auch durch Tofu ersetzt werden!

ZUTATEN

Brühe

2 EL	Olivenöl
1	rote Zwiebel, Spalten
15 g	Ingwer, gehackt
1	rote Chilischote, Streifen
2	Selleriestangen, Scheiben
1 TL	Pfefferkörner, schwarz
1	Anisstern
2	Nelken
2	Zimtstangen
6 EL	Sojasauce
1,2 l	Gemüsebrühe
1 EL	Sesamöl

Einlage

100 g	Seitan
2 EL	Olivenöl
10	Mini-Maiskolben
60 g	Thai-Spargel*
80 g	Soja-Sprossen
100 g	Reisnudeln
	Salz & frischen Pfeffer

Deko

2	Limetten, Spalten
50 g	Röstzwiebeln
1	Bund Minze
1	Bund Thai-Basilikum*

>>> * Unser Tipp: Sowohl der Thai-Spargel als auch der Thai-Basilikum können durch normalen Spargel bzw. Basilikum ersetzt werden.

PHO-BÒ

GEMÜSESUPPE MIT REISNUDELN

1 Olivenöl in einem Topf erhitzen und darin Zwiebeln, Ingwer und Chili anrösten. Selleriestangen, Pfefferkörner, Anis, Nelken und Zimt zugeben und kurz mitdünsten. Mit Sojasauce ablöschen und die Gemüsebrühe angießen. Bei mittlerer Hitze 20 Min. köcheln lassen.

2 Den Seitan in Streifen schneiden und kräftig mit Salz & Pfeffer würzen. Öl in einer Pfanne erhitzen und Seitan darin ein paar Min. von allen Seiten kross anbraten.

3 Die Maiskölbchen längs und den Thai-Spargel quer halbieren. In kochendem Salzwasser 2 Min. garen, danach abgießen und kalt abschrecken. Sprossen waschen und abtropfen lassen.

4 Reisnudeln nach Packungsanleitung gar kochen, abgießen, abschrecken und auf Suppenschalen verteilen. Jeweils Mais, Thai-Spargel und Sprossen zu den Nudeln geben und mit heißer Brühe auffüllen. Den Seitan und die Limettenspalten darauf verteilen und mit Röstzwiebeln und gehackten Kräutern bestreuen.

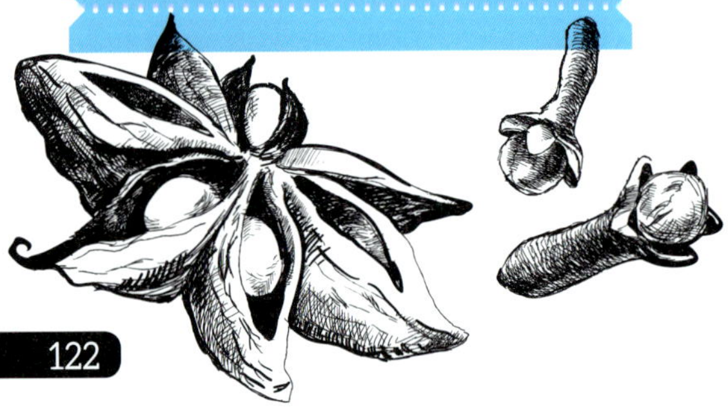

Vorbereitung: 15 Min. Kochzeit: 30 Min. Portionen: 4

VILLA VEGANA
V
Asiatische Küche

ZUTATEN

700 g	Süßkartoffeln
600 g	Rosenkohl
1	Zwiebel, gehackt
20 g	frischer Ingwer, gehackt
2	Knoblauchzehen, gehackt
2 EL	Pflanzenmargarine
1 EL	Currypulver
400 ml	Kokosmilch
400 ml	Gemüsebrühe
1	Limette (Saft und Schale)
2 TL	Wasabi-Paste
1	Granatapfel
1	Bund Koriander
	Salz & frischer Pfeffer
	schwarze Sesamkörner

ROSENKOHL-SUPPE

MIT KOKOS & SÜSSKARTOFFELN

1 Die Süßkartoffeln schälen und in 3 cm große Würfel schneiden. Rosenkohl waschen, die äußeren Blätter entfernen und die Röschen halbieren. Pflanzenmargarine in einem Topf erhitzen und darin Zwiebeln, Ingwer und Knoblauch 1–2 Min. anschwitzen.

2 Die Süßkartoffeln und den Rosenkohl zugeben, mit Currypulver bestäuben und für ein paar Min. mitdünsten. Mit Kokosmilch und Gemüsebrühe ablöschen. Die Limettenschale und die Wasabi-Paste unterrühren, kurz aufkochen und auf niedriger Flamme ca. 15 Min. garen, bis das Gemüse weich ist.

4 Gegen Ende der Garzeit mit Salz und Limettensaft abschmecken, mit Koriander, Sesam und Granatapfelkernen anrichten.

Vorbereitung: 10 Min. Kochzeit: 15 Min. Portionen: 4

ZUTATEN

2 EL	Olivenöl
1	Hokkaido-Kürbis
1 EL	Sesamöl
1	Zwiebel, gehackt
1 EL	Currypaste
1 EL	Currypulver
2 EL	Ingwer, gehackt
2	Birnen, gewürfelt
600 ml	Gemüsebrühe
400 ml	Kokosmilch
1	Limette, Saft
1 EL	Agavendicksaft
	Salz & frischer Pfeffer

HOKKAIDO-SUPPE

MIT BIRNEN & INGWER

1 Backofen auf 200° C vorheizen. Den Kürbis der Länge nach halbieren, die Kerne entfernen und mit etwas Olivenöl beträufeln. Mit dem Innenteil nach unten auf ein mit Backpapier ausgelegtes Backblech geben und für 1 Stunde im Ofen backen.

2 Sesamöl in einem mittelgroßen Topf erwärmen und die Zwiebel darin glasig dünsten. Currypaste, Currypulver und Ingwer zugeben und kurz mitdünsten. Den Kürbis grob würfeln und mit den Birnen zugeben. Gemüsebrühe und Kokosmilch angießen. Aufkochen lassen und bei niedriger Hitze 10 Min. köcheln lassen.

3 Das Ganze pürieren und mit Limettensaft, Agavendicksaft, Salz & Pfeffer abschmecken.

Vorbereitung: 5 Min. | Backzeit: 1 Std. | Kochzeit: 20 Min. | Portionen: 4

>>> *Unser Tipp: Für dieses Rezept könnt ihr auch gerne Butternut-Kürbis verwenden.*

Unser Tipp: Bitte daran denken, dass der Cashewkäse ca. 2 Std. kaltgestellt werden muss.

VILLA VEGANA
Asien-Spezial

BBQ-QUESADILLAS

MIT CASHEWKÄSE

ZUTATEN

Cashewkäse* Rezept Seite 36

BBQ-Füllung
- 250 g Sojagranulat
- Gemüsebrühe
- Olivenöl

Sauce
- 50 g Rohrzucker
- 80 ml Sojasauce
- 3 EL Sweet-Chili-Sauce
- 1 EL Sesamöl
- 2 EL Sesamsamen, geröstet
- 3 Knoblauchzehen, gehackt
- 1 EL Ingwer, gehackt
- 2 TL Chiliflocken

- 6 Frühlingszwiebeln
- 10 Weizentortillas

1 Das Sojagranulat mit so viel Gemüsebrühe angießen, bis es sich gerade so vollgesaugt hat. Für 10 Min. ruhen lassen. Währenddessen alle Zutaten für die Soße miteinander verrühren. Danach das Sojagranulat in reichlich Olivenöl knusprig braten. Anschließend die Soße zugeben, alles gut miteinander verrühren und weitere 4 Min. auf kleiner Flamme braten lassen. Danach in eine Schüssel geben und die Pfanne reinigen.

2 Die Pfanne mit einem TL Olivenöl bestreichen und erhitzen. Eine Schicht Cashewkäse auf einer Weizentortilla verteilen und in die Pfanne geben. Auf eine Hälfte der Tortilla etwas BBQ-Füllung geben und die Tortilla etwas anbräunen lassen. Mithilfe eines Pfannenwenders die Tortilla zusammenklappen und leicht andrücken. Herausnehmen, einmal durchschneiden und mit Frühlingszwiebeln garnieren.

Vorbereitung: 20 Min. **Kochzeit:** 20 Min. **Portionen:** 10

KUNG PAO

KICHERERBSEN-PFANNE MIT ERDNÜSSEN

ZUTATEN

Kichererbsen & Marinade

800 g	Kichererbsen, gekocht
2 EL	Sojasauce
2 EL	Mirin (Reiswein)
2 TL	Agavendicksaft
1 EL	Maisstärke
1	Zitrone, Saft & Abrieb

Sauce

2 EL	Sojasauce
2 EL	Chilisauce, süßsauer
3 TL	Reisessig
1 EL	Rohrzucker
1 EL	Maisstärke
50 ml	Gemüsebrühe
2 TL	5 Gewürz-Mischung*

1 EL	Erdnussöl (alt. Kokosöl)
1 EL	Ingwer, gehackt
3	Knoblauchzehen, gehackt
1	rote Chilischote, Ringe
50 g	Erdnüsse, gehackt
2	Frühlingszwiebeln, Ringe

>>> * ... ist eine aromatische, chinesische Gewürzmischung aus Sternanis, Szechuanpfeffer, Zimtkassie, Fenchel und Gewürznelken.

1 Die Kichererbsen abgießen, abwaschen und abtropfen lassen. Die restlichen Zutaten für die Marinade in einer Schüssel miteinander verrühren und die Kichererbsen 30 Min. abgedeckt darin marinieren.

2 Währenddessen die Zutaten für die Sauce miteinander verrühren und beiseitestellen.

3 Das Öl in einem Wok erhitzen und darin die marinierten Kichererbsen ca. 4–5 Min. dünsten. Ingwer, Knoblauch, Chili und Erdnüsse zugeben und für 2 Min. mitbraten. Nun die Sauce unter ständigem Rühren zugeben und eine weitere Minute kochen lassen. Auf Tellern verteilen, mit den Frühlingszwiebeln anrichten und mit Reis servieren.

Vorbereitung: 10 Min. / Marinieren: 30 Min. Kochzeit: 20 Min. Portionen: 4

SEITAN SÜSS-SAUER

MIT GEMÜSE

1 Aus Knoblauch, Ingwer, Agavendicksaft, Soja- und Hoisin-Sauce eine Marinade mischen und den gewürfelten Seitan darin 2 Std. marinieren.

2 Die Speisestärke mit der Gemüsebrühe glatt rühren und dann Rohrzucker, Reisessig, Ananassaft, Ketchup und Sherry zugeben und gut verrühren.

3 Den Seitan nun portionsweise in einem Wok in Sesamöl rundherum knusprig braten und beiseitestellen. Danach Zwiebelspalten und Paprika in Sesamöl anbraten. Seitan und Bambussprossen hinzufügen. Die Gemüsebrühe unter Rühren angießen und solange umrühren, bis die Speisestärke gebunden ist. Zum Schluss die Ananasstückchen zugeben und mit Salz & Pfeffer abschmecken.

Vorbereitung: 20 Min. / Marinieren: 2 Std.   Kochzeit: 20 Min.   Portionen: 4

ZUTATEN

Marinade

2	Knoblauchzehen, gehackt
2 TL	Ingwer, gehackt
3 EL	Agavendicksaft
6 EL	Sojasauce
2 EL	Hoisin-Sauce
300 g	Seitan, gewürfelt

2 EL	Speisestärke
250 ml	Gemüsebrühe, kalt
3 EL	Rohrzucker
3 EL	Reisessig
4 EL	Ananassaft
2 EL	Ketchup
1	Schuss Sherry
2	Zwiebeln, Spalten
1	rote Paprika, Streifen
200 g	Bambussprossen (Glas)
250 g	Ananas, gewürfelt
	Sesamöl
	Salz & frischer Pfeffer

ZUTATEN

Sambal (Gewürzpaste)

150 g Kokosflocken
2 TL Koriandersamen
3 EL Ingwer, gehackt
1 EL Tamarindenpaste
1 EL Limettensaft
1 EL Sesamöl
2 EL Agavendicksaft
1 rote Paprika, gewürfelt
1 rote Zwiebel, gehackt
3 Knoblauchzehen, gehackt
2–4 rote Chilischoten, frisch*
3 Kaffirblätter, fein gehackt
1 Bund Koriander, frisch
Salz

Gemüse

300 g frischer Spinat
150 g Stangenbohnen
2 Karotten, feine Streifen
150 g Weißkohl, feine Streifen
200 g Bohnensprossen

>>> *Unser Tipp: Vorsicht bei der Menge der Chilis! Hier unbedingt den Schärfegrad beachten und die Schoten eventuell entkernen – das macht sie milder!

URAP SAYUR

GEMÜSESALAT MIT KOKOS-SAMBAL

1 Die Kokosflocken in einer Pfanne ohne Fett anrösten und beiseitestellen. Nun die restlichen Zutaten für das Sambal vorbereiten und danach in einem Standmixer zu einer Paste verarbeiten. Diese für 10 Min. in einer Pfanne bei schwacher Hitze garen. Dann die Kokosflocken zugeben und weitere 5 Min. garen.

2 Das Gemüse nach und nach in einem Topf mit kochendem Wasser blanchieren.

3 Das fertige Gemüse gut mit dem Kokos-Sambal vermischen und mit Salz und Limettensaft abschmecken. Auf Tellern anrichten und mit Reis servieren.

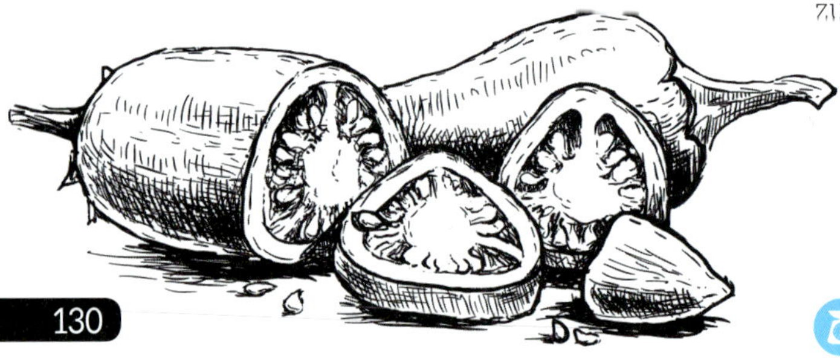

Vorbereitung: 15 Min. Kochzeit: 25 Min. Portionen: 4–6

VILLA VEGANA
V
Lateinamerikanisch

LATEINAMERIKA

>>> *Mit feurigem Temperament von Mexiko zur Südspitze Argentiniens*

KRÄUTER & GEWÜRZE

DIE WICHTIGSTEN BASICS

Muskat

frischer Chili

getrockneter Chili

Cayennepfeffer

Thymian
Rosa
pfeffer
Paprikapulver
Kreuzkümmel

VILLA VEGANA

VILLA VEGANA
V

Lateinamerikanisch

>>> * Unser Tipp: Das Chili schmeckt am besten, wenn es ein paar Stunden durchzieht, bevor ihr es serviert.

CHILI NON CARNE

KIDNEYBOHNEN-EINTOPF

1 Das Sojagranulat in eine Schüssel geben und nach und nach mit kochendem Wasser begießen, bis es sich vollgesaugt hat. In einer Pfanne mit heißem Öl goldbraun braten und ordentlich mit Salz, Pfeffer und Paprikapulver würzen. Wenn es fertig angebraten ist mit etwas Sojasauce ablöschen.

2 In einer großen Pfanne Zwiebeln und Knoblauch unter Rühren andünsten. Dann die Chilischoten, Karotten und Sellerie zugeben und anschwitzen. Danach Paprikawürfel, Sojagranulat, Tomatenmark, Thymian und Sambal Oelek zugeben und nochmals kurz anschwitzen. Salzen, pfeffern und mit Espresso ablöschen. Danach die Gemüsebrühe angießen, die gehackten Tomaten und die Lorbeerblätter zugeben, kurz umrühren und bei geschlossenem Deckel 40 Min. auf kleiner Flamme köcheln lassen. Immer wieder umrühren.

3 Kurz vor Ende der Garzeit Mais und Bohnen in einem Sieb kalt abspülen und die Schokolade grob hacken. Alles zu dem Chili geben und noch mal für 2–3 Min. köcheln lassen. Mit Brot, Reis oder Nachos servieren.

ZUTATEN

250 g	Sojagranulat
1	Zwiebel, fein gewürfelt
4	Knoblauchzehen, gehackt
2	Karotten, fein gewürfelt
1	Sellerieknolle, fein gewürfelt
2–3	rote Chilischoten, gehackt
2	rote Paprikaschoten, fein gewürfelt
2	Dosen geschälte Tomaten (je 425 g)
2 EL	Tomatenmark
150 ml	Espresso
250 ml	Gemüsebrühe
40 g	Zartbitterschokolade, gehackt
250 g	Kidneybohnen (Dose)
200 g	Mais (Dose)
2	Lorbeerblätter
2 EL	frischer Thymian
4 TL	Paprikapulver, edelsüß
	Sambal Oelek
	Salz & frischer Pfeffer

Vorbereitung: 30 Min. Kochzeit: 60 Min. Portionen: 4

ZUTATEN

- 150 g Maismehl
- 1 EL Mehl
- 1 Prise Zucker
- ½ TL Backpulver
- 150 ml Sojamilch, ungesüßt
- 120 g Mais (Dose)
- Salz & frischer Pfeffer
- Öl zum Braten
- 4 EL Pflanzenmargarine

CHORREADAS

KNUSPRIGE MAISPFANNKUCHEN

1 Maismehl, Mehl, Zucker und Backpulver in einer Schüssel miteinander vermischen. Die Sojamilch zugeben und mit dem Schneebesen zu einem glatten Teig rühren. Mais, Salz & Pfeffer zugeben und noch mal kurz verrühren.

2 Den Teig portionsweise in einer Pfanne mit heißem Öl auf niedriger Flamme von beiden Seiten goldbraun backen.

3 Nach dem Braten etwas Pflanzenmargarine auf die Pfannkuchen geben und schmelzen lassen. Warm servieren.

* Unser Tipp: Im Original-Rezept wird das Maismehl aus frischen Maiskolben hergestellt.

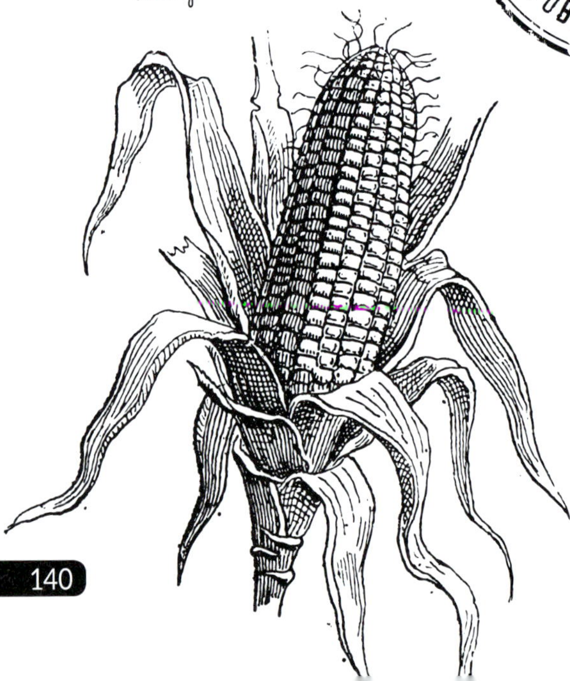

Vorbereitung: 5 Min. Kochzeit: 10 Min. Portionen: 4

TIMBUSHKA

KOHLSUPPE MIT PELLKARTOFFELN & SEITAN

1 Kartoffeln mit Schale in sprudelndem Salzwasser bissfest kochen.

2 Währenddessen Zwiebeln, Knoblauch und Kreuzkümmel in einem Topf mit 2 EL heißem Olivenöl ca. 3 Min. anschwitzen. Erdnussbutter, Tahini und Weißkohl zugeben und die Gemüsebrühe angießen. 20 Min. auf kleiner Flamme köcheln lassen. Petersilie unterrühren.

3 Währenddessen den Seitan in einer Pfanne in 2 EL Olivenöl knusprig braten, salzen, pfeffern und mit Sojasauce ablöschen.

4 Safran in warmer Sojamilch auflösen und zur Suppe geben. Die Suppe mit Salz & Pfeffer abschmecken und mit Pellkartoffeln und Seitan auf Tellern verteilen. Mit Koriander und Erdnüssen anrichten.

Vorbereitung: 10 Min. **Kochzeit: 50 Min.** **Portionen: 4**

ZUTATEN

800 g	Kartoffeln, klein
1	Zwiebel, gehackt
1	Knoblauchzehe, gehackt
2 TL	Kreuzkümmelsamen
2 EL	Olivenöl
2 EL	Erdnussbutter
1 EL	Tahini
1 ½ l	Gemüsebrühe
400 g	Weißkohl, in Streifen
3 EL	Petersilie, gehackt
250 g	Seitan, gewürfelt
1 EL	Sojasauce
50 g	Erdnüsse
120 ml	Sojamilch, ungesüßt
0,1 g	Safran
1	Bund Koriander, gehackt
	Salz & frischer Pfeffer

ZUTATEN

4 EL	Olivenöl
1	Zwiebel, gehackt
2	Knoblauchzehen, gehackt
2	rote Chilischoten, Ringe
2 TL	Kreuzkümmelsamen
½	Kürbis, gewürfelt*
10	Champignons, halbiert
2	Zucchini, gewürfelt
3	Paprikaschoten, gewürfelt (rot, gelb und grün)
3	Tomaten, gewürfelt
2 EL	Tomatenmark
1	Lorbeerblatt
1 ½ l	Gemüsebrühe
1	Zitrone, Schale & Saft
300 g	schwarze Bohnen, gekocht
300 g	weiße Bohnen, gekocht
2 TL	Paprikapulver, scharf
2 TL	Currypulver
3 TL	Thymian
	Salz & frischer Pfeffer

>>> * Unser Tipp: Zu diesem Gericht passt entweder Butternut- oder Hokkaido-Kürbis.

FEIJOADA

SCHWARZER BOHNENEINTOPF MIT GEMÜSE

1 Olivenöl in einem großen Topf erhitzen. Zwiebeln, Knoblauch, Chili und Kreuzkümmel 5–7 Min. glasig anschwitzen. Danach Kürbis, Champignons, Zucchini und Paprikaschoten zugeben und weitere 4 Min. anschwitzen. Die Tomaten, Tomatenmark und Lorbeerblatt unterrühren und kurz mitdünsten.

2 Nun die Gemüsebrühe angießen und Zitronenschale und Saft zugeben und die Suppe für ca. 15–20 Min. auf kleiner Flamme köcheln lassen, bis das Gemüse gar gekocht ist. Erst gegen Ende der Garzeit die Bohnen unterrühren. Mit Paprikapulver, Curry, Thymian, Salz & Pfeffer abschmecken. Auf Tellern verteilen und mit frischem Thymian anrichten.

Vorbereitung: 15 Min. Kochzeit: 30 Min. Portionen: 4

VILLA VEGANA
V
Lateinamerikanisch

LOCRO DE PAPA

KARTOFFELSUPPE MIT SPINAT & SAFRAN

ZUTATEN

4 EL	Olivenöl
1	Zwiebel, gewürfelt
3	Knoblauchzehen, gehackt
3 TL	Kreuzkümmelsamen
0,1 g	Safran
1 kg	Kartoffeln, gewürfelt
100 ml	Weißwein
1 ½ l	Gemüsebrühe
200 ml	Hafersahne
3 EL	Hefeflocken
150 g	Mais (Dose)
150 g	frischer Spinat, gehackt*
2	Avocados, gewürfelt
	Salz & frischer Pfeffer

1 Öl in einem großen Topf erhitzen und darin Zwiebeln, Knoblauch, Kreuzkümmel und Safran unter ständigem Rühren 5 Min. anschwitzen.

2 Die Kartoffeln zugeben und kurz mitdünsten. Mit Weißwein ablöschen und die Gemüsebrühe angießen, aufkochen und die Kartoffeln (je nach Sorte zwischen 10–15 Min.) gar kochen. Vom Herd nehmen und Kartoffeln grob stampfen.

3 Die Hafersahne und die Hefeflocken unterrühren und nochmals aufkochen lassen. Nun den Mais und den Spinat zugeben und ein paar Min. mitkochen lassen. Mit Salz & Pfeffer abschmecken.

4 Die Suppe auf Suppenteller verteilen und mit Avocadostückchen und etwas Mais garnieren.

* Unser Tipp: Schmeckt auch mit Mangold sehr lecker!

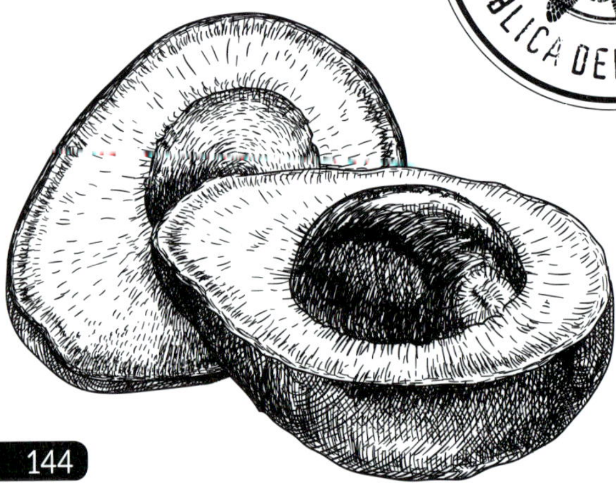

Vorbereitung: 15 Min. Kochzeit: 25 Min. Portionen: 4

EMPANADAS

TEIGTASCHEN MIT SPINATFÜLLUNG

1 Backofen auf 200° C (Umluft) vorheizen. Mehl, Backpulver und Salz in einer Schüssel verrühren. Sojajoghurt und Öl zugeben und alles zu einem glatten Teig kneten. In Frischhaltefolie wickeln und kaltstellen. Währenddessen Zwiebeln und Knoblauch in einer Pfanne mit heißem Öl andünsten. Paprika zugeben, 2–3 Min. dünsten und dann den Spinat zugeben. Den Kräuter-Veta unterrühren und mit Salz & Pfeffer abschmecken.

2 Den Teig ausrollen und Kreise ausstechen (12–14 cm Ø). Die Füllung jeweils auf eine Hälfte der Teigkreise geben und die Ränder mit etwas Wasser anfeuchten. Die Kreise zusammenklappen und die Ränder mit einer Gabel andrücken. Auf ein mit Backpapier ausgelegtes Blech legen. Die einzelnen Teigtaschen mit etwas Sojasahne bestreichen und für ca. 10–15 Min. im Ofen goldbraun backen.

Vorbereitung: 25 Min. | Kochzeit: 10 Min. | Backzeit: 15 Min. | Portionen: 4

ZUTATEN

Teig
200 g Mehl
1 TL Backpulver
½ TL Salz
100 ml Sojajoghurt
3 EL Olivenöl
Sojasahne zum Bestreichen

Füllung
1 Zwiebel, fein gehackt
1 Knoblauchzehe, gehackt
2 EL Olivenöl
1 rote Paprika, fein gewürfelt
250 g Spinat, grob gehackt
Salz & frischer Pfeffer

Kräuer-Veta Rezept Seite 38

VILLA VE
V
Lateinamerikanisch

>>> * Unser Tipp: Wenn ihr keine fertigen Käsescheiben nehmen wollt, könnt ihr auch stattdessen den „Nacho-Käse“ von Seite 152 zubereiten.

VILLA VEGANA ★ V ★ Lateinamerika-Spezial

TEX MEX BURGER

AUF PFEFFER-POLENTA

1 **Polenta:** Den Pfeffer hacken, die Brühe mit der Sojasahne aufkochen und 250 g Polenta mit dem Schneebesen unterrühren. Hefeflocken und Pfeffer zugeben und solange rühren, bis die Polenta eingedickt ist. Die Masse in eine ca 20 x 30 cm große, gefettete Form geben, glatt streichen und ca. 2 Std. kaltstellen.

2 **Patties:** Zwiebeln, Paprika und Räuchertofu in einer Pfanne in etwas heißem Olivenöl anbraten und beiseitestellen. Die Bohnen in einem Sieb gut abtropfen lassen. In eine Rührschüssel geben und mit einer Gabel zerkleinern. (Nicht komplett zerkleinern, damit einige Bohnen-Stückchen bleiben.) Die restlichen Zutaten sowie die Zwiebel-Tofu-Paprika-Mischung zugeben und mit den Händen zu einer homogenen Masse kneten.

3 Die Polenta vorsichtig stürzen und mit einer Ausstechform (ca. 8 cm Ø) 6 Kreise ausstechen. Das restliche Polenta-Pulver in einen tiefen Teller geben und die Taler darin wälzen. In einer Pfanne mit heißem Öl von beiden Seiten knusprig braten. Herausnehmen und auf Küchenpapier abtropfen lassen.

4 Die Burgermasse in 6 Patties aufteilen, formen und ebenfalls in einer Pfanne mit Öl ca. 5 Min. von jeder Seite braten (mittlere Hitze).

5 **Anrichten:** Als unterste Schicht die Polenta nehmen, darauf etwas BBQ-Sauce verteilen, dann die Käsescheibe und das Pattie auflegen. Mit Rucola, getrockneten Tomaten und Röstzwiebeln anrichten.

Vorbereitung: 40 Min. / Kühlen: 2 Std. | Kochzeit: 20 Min. | Ergibt 6 Burger

ZUTATEN

Polenta

3 TL	grüner Pfeffer
3 TL	Rosa Pfeffer
500 ml	Sojasahne
700 ml	Gemüsebrühe
4 EL	Hefeflocken
300 g	Polenta

Burger-Patties

1	kleine Zwiebel, gehackt
1	rote Paprika, fein gehackt
50 g	Räuchertofu, kleine Würfel
500 g	schwarze Bohnen, gekocht
100 g	Seitanpulver
120 g	Semmelbrösel
100 g	Haferflocken
1 TL	Kreuzkümmel
1 EL	Tomatenmark
1 EL	Sojasauce
2	Knoblauchzehen, gepresst
2 TL	Rauchpaprika
	Salz & frischer Pfeffer

Weiteres

ca. 6 EL	BBQ-Sauce, vegan
6	Scheiben Käse, vegan*
100 g	Rucola
½ Glas	getrocknete Tomaten
50 g	Röstzwiebeln
	Öl zum Braten

BURRITO HAWAI

TORTILLAS MIT FRUCHTIGER FÜLLUNG

ZUTATEN

4	Weizentortillas
225 g	Ananas, fein gewürfelt
200 g	veganer Frischkäse*
	Salz & frischer Pfeffer
2 TL	Curry
½	grüne Chilischote, gehackt
1 EL	Aprikosen-Marmelade
2 EL	Balsamico bianco
3 EL	Olivenöl
1 TL	Cayennepfeffer
300 g	Lupinenfilets, fein gewürfelt
½	Paprika rot, fein gewürfelt
½	Paprika gelb, fein gewürfelt
	Salatblätter, kleingezupft

* Alternativ kann man auch Sojajoghurt verwenden.

1 1 EL der gewürfelten Ananas ganz fein hacken und mit dem "Frischkäse" verrühren. Die Chilischote der Länge nach halbieren, entkernen, feinhacken und unterrühren. Mit Salz, Pfeffer und Curry abschmecken.

2 In einer mittelgroßen Schüssel eine Marinade aus Marmelade, Balsamico, 1 EL Öl und Cayennepfeffer zubereiten. Die Lupinenfiletstücke in die Marinade geben. 10 Min. ziehen lassen und danach in einer Pfanne mit 2 EL Olivenöl knusprig braten.

3 Die Tortilla-Wraps mit der Ananas-Creme bestreichen. Gleichmäßig Ananas-Stücke, Paprika, Salat und Lupinenfiletstücke auf den Wraps verteilen. Wraps zusammenrollen, längs halbieren und am unteren Ende in Backpapier einrollen.

VILLA VEGANA
V
Lateinamerika-Spezial

Vorbereitung: 20 Min. | Kochzeit: 10 Min. | Portionen: 4

GALLO PINTO

BUNTER REIS IN DER TORTILLA-SCHALE

1 Den Reis kochen und möglichst über Nacht stehen lassen. Am nächsten Tag als Erstes die Tortillaschälchen zubereiten. Dafür die Weizentortillas in eine gefettete 6er Muffinform geben und für 8–10 Min. in den vorgeheizten Backofen geben. (180° C Umluft).

2 Zwiebeln, Knoblauch und Paprikawürfel in heißem Öl ca. 3–4 Min. anbraten. Bohnen und Tomaten zugeben und weitere 3 Min. mitbraten. Zum Schluss den Reis, die Ananas, die Gewürze, Koriander & Zitronensaft zugeben und alles gut verrühren.

3 Das Kokosöl in einer Pfanne erhitzen und darin die Kochbananen-Scheiben goldbraun und knusprig braten. Nun die Tortillaschälchen mit dem Reis füllen, mit Kochbananen anrichten und servieren.

Vorbereitung: 15 Min. Backzeit: 10 Min. Kochzeit: 35 Min. Portionen: 6

ZUTATEN

6	Weizentortillas
1	Zwiebel, gehackt
4 EL	Olivenöl
200 g	Basmatireis, gekocht
2	Paprikaschoten, gewürfelt (rot & gelb)
3	Knoblauchzehen, gehackt
400 g	schwarze Bohnen, gekocht
2	Tomaten, gehackt
3 TL	Paprikapulver
60 g	Ananas, gewürfelt
4 EL	frischer Koriander, gehackt
1 EL	Zitronensaft
	Salz & frischer Pfeffer

2 EL	Kokosöl
1	Kochbanane, Scheiben

ZUTATEN

Guacamole Rezept Seite 152

Kartoffel-Safran Schicht

500 g	Kartoffeln
2 EL	Olivenöl
2 EL	Zitronensaft
1	Knoblauchzehe, gepresst
2 EL	Sojasahne
0,1 g	Safran
	Salz

Süßkartoffel-Schicht

500 g	Süßkartoffeln
2 EL	Pflanzenmargarine
4 EL	Sojasahne
1	Prise Muskat
	Salz

Salat-Schicht

1	Karotte, geraspelt
½	gelbe Paprikaschote
½	rote Paprikaschote
½	Salatgurke
1	Frühlingszwiebel
2 EL	Olivenöl
2 EL	Zitronensaft
2 TL	Minze, gehackt
	Salz & frischer Pfeffer

>>> * Unser Tipp: Die beiden Kartoffelsorten können gleichzeitig in verschiedenen Töpfen gekocht werden.

CAUSA PERUANA

KARTOFFEL-SCHICHTSALAT MIT GUACAMOLE

1 **Kartoffel-Safran Schicht:** Die Kartoffeln schälen, würfeln und in sprudelndem Salzwasser bissfest garen. Währenddessen den Safran in etwas warmem Wasser auflösen. Kartoffeln abgießen und mit den restlichen Zutaten für die Kartoffel-Safran- Schicht zu einem Brei stampfen.*

2 **Süßkartoffel-Schicht:** Süßkartoffeln schälen, würfeln und in sprudelndem Salzwasser gar kochen, abgießen und mit den restlichen Zutaten zu einem Brei stampfen.

3 **Salat-Schicht:** Die Karotte fein raspeln und in eine Schüssel geben. Die Paprikaschoten fein würfel. Die Salatgurke schälen, der Länge nach halbieren, entkernen und fein würfeln. Die Frühlingszwiebel fein hacken und alles zusammen in der Schüssel mit Olivenöl, Zitronensaft, Minze, Salz & Pfeffer verrühren.

4 **Anrichten:** Zuerst eine Schicht des Süßkartoffelstampfs in einen Servierring (ca. 8 cm Ø) geben, danach eine Schicht Salat, dann den Kartoffel-Safran-Stampf und abschließend eine Schicht Guacamole. Mit etwas von dem Salat und etwas Minze anrichten.

Vorbereitung: 20 Min. Kochzeit: 20 Min. Portionen: 4–6

VILLA VEGANA
V
ateinamerikanisch

ZUTATEN

Guacamole
- 4 Avocados
- 2 Limetten, Saft
- 2 Knoblauchzehen, gepresst
- ½ rote Zwiebel, fein gehackt
- 2 EL frischer Koriander, gehackt
- 2 TL Currypulver
- 2 EL Sojajoghurt (optional)

Nacho-Creme
- 1 rote Paprikaschote
- 200 g Cashewkerne
- 200 ml Pflanzenmilch, ungesüßt
- 1 Zitrone, Saft
- 2 TL Rauchpaprikapulver
- 1 TL Knoblauchpulver
- 1 TL Zwiebelpulver
- 2 TL Kreuzkümmelsamen
- 2 EL Tomatenmark
- 2 TL Maisstärke
- 5 EL Hefeflocken

- 6 Weizentortillas
- 200 g Kidneybohnen, gekocht
- 4 Tomaten, enthäutet
- Salz & frischer Pfeffer

QUESADILLAS

MIT GUACAMOLE & NACHO-CREME

1 **Guacamole:** Avocados würfeln, mit dem Limettensaft in eine kleine Schüssel geben und mit der Gabel zerdrücken. Restliche Zutaten zugeben und alles gut verrühren. Mit Salz & Pfeffer abschmecken.

2 **Nacho-Creme:** Cashewkerne mit kochendem Wasser übergießen und 30 Min. ruhen lassen. Danach abgießen. Die Paprikaschote rösten (Anleitung siehe Seite 96), danach grob hacken und die Stückchen mit den restlichen Zutaten im Mixer fein pürieren. Danach in einen Topf geben und unter Rühren kurz aufkochen lassen. Mit Salz & Pfeffer abschmecken.

3 In einer Pfanne ohne Fett Tortillas von beiden Seiten erwärmen. Halbseitig mit Guacamole bestreichen und halbseitig mit Nacho-Creme. Tomatenstücke & Bohnen darauf verteilen und Tortillas zusammenklappen.

Vorbereitung: 30 Min. | Kochzeit: 10 Min. | Portionen: 6

ZUTATEN

6	Tomaten
2	Avocados
1	rote Zwiebel
4	Palmherzen aus dem Glas*
5 EL	Reisessig
1 EL	Rohrzucker
3 EL	Olivenöl
1 EL	Limettensaft
2 EL	Chilisauce, süßsauer
1	Bund Koriander, gehackt
	Salz & frischer Pfeffer

CEVICHE

AVOCADO-TOMATENSALAT MIT PALMHERZEN*

1 Den Reisessig zusammen mit dem Rohrzucker in einem kleinen Topf aufkochen, bis sich der Zucker aufgelöst hat. Vom Herd nehmen und abkühlen lassen.

2 Die Tomaten halbieren, entkernen und würfeln. Die Avocados halbieren, entkernen und ebenfalls würfeln. Die Zwiebel fein hacken und die Palmenherzen in Scheiben schneiden. Alles in eine Schüssel geben.

3 Olivenöl, Limettensaft und Chilisauce mit dem Reisessig verrühren und das Dressing zum Salat geben. Gut durchmischen und mit Salz & Pfeffer abschmecken. 10 Min. ziehen lassen und mit frisch gehacktem Koriander servieren.

*Unser Tipp: Wer es fruchtig mag, kann anstelle der Palmherzen auch eine halbe, gewürfelte Mango verwenden.

Vorbereitung: 15 Min. Kochzeit: 5 Min. Portionen: 4

VILLA VEGANA
V
Lateinamerikanisch

>>> * Unser Tipp: Für dieses Rezept könnt ihr je nach Geschmack auch Tofu oder Lupinenfilets verwenden.

PFEFFERPFANNE

SEITANPFANNE MIT PAPRIKA

ZUTATEN

300 g	Seitan*
1	Gemüsezwiebel
3	Paprikaschoten (rot, gelb & grün)
2	Knoblauchzehen, gehackt
2 TL	Paprikapulver, edelsüß
100 ml	Gemüsebrühe
100 ml	Sojasahne
100 ml	Soyananda Sauerrahm
1 TL	Mehl (zum Binden)
1 EL	Sojasauce
1 TL	Senf
1 TL	Worcestersauce (vegan)
1 TL	grüner Pfeffer
2 TL	Rosa Pfeffer
3 EL	frische Petersilie, gehackt
	Salz & frischer Pfeffer

1 Den Seitan* in feine Streifen schneiden, in einer Pfanne scharf anbraten, salzen & pfeffern, rausnehmen und beiseitestellen.

2 Die Zwiebeln in Spalten schneiden und in einzelne Scheiben teilen. Die Paprika in ca. 3 cm große Stücke schneiden und beides in der Pfanne anbraten, bis die Zwiebeln goldgelb sind. Aus der Pfanne nehmen und beiseitestellen. Nun den Knoblauch in die Pfanne geben, kurz anbraten, mit Paprikapulver bestäuben und mit der Brühe ablöschen.

3 Die Sahne und den Sauerrahm (alternativ Sojajoghurt) mit dem Mehl verrühren und langsam einrühren. Mit Salz, Pfeffer, Senf, Sojasauce und Worcestersauce abschmecken und kurz aufkochen lassen.

4 Nun die Seitanstreifen*, Zwiebeln und Paprika in die Sauce geben und den grünen & Rosa Pfeffer zugeben. Alles miteinander verrühren und mit der Petersilie bestreuen. Mit Reis servieren.

Vorbereitung: 10 Min. | Kochzeit: 15 Min. | Portionen: 4

ZUTATEN

Tomatensauce

1	rote Chilischote, halbiert & entkernt
½	Zwiebel, geschält
3	Knoblauchzehen, geschält
3	Tomaten, am Stück
	Salz & frischer Pfeffer

Kürbissauce

250 g	Kürbiskerne, geschält
1	Bund Koriander
150 ml	warmes Wasser
1 TL	Salz

Füllung

1	Zwiebel
½	gelbe Paprika, gewürfelt
½	grüne Paprika, gewürfelt
250 g	Tofu (Natur), gewürfelt
2–4 TL	Kala Namak
	frischer Pfeffer

6	Weizentortillas

PAPADZULES

GEFÜLLTE TORTILLAS MIT KÜRBISSAUCE

1 **Tomatensauce:** Ofen auf 200°C vorheizen. Zwiebel, Tomaten, Knoblauch und Chili in eine Auflaufform geben und 8 Min. im Ofen garen. Danach herausnehmen, Tomaten enthäuten und alles in einem Mixer zu einer glatten Sauce pürieren.

2 **Kürbissauce:** Kürbiskerne in einer Pfanne ohne Öl anrösten. Anschließend zusammen mit Koriander, Wasser und Salz pürieren.

3 **Füllung:** Zwiebeln in einer Pfanne mit heißem Öl andünsten. Paprika und Tofu zugeben und kurz mitbraten. Mit Kala Namak und Pfeffer abschmecken.

4 Tortillas in einer Pfanne kurz von beiden Seiten erwärmen. Mit etwas Kürbissauce bestreichen, etwas Füllung draufgeben und zusammenrollen. Auf die Kürbissauce legen und mit Tomatensauce anrichten.

Vorbereitung: 15 Min. Backzeit: 8 Min. Kochzeit: 10 Min. Portionen: 6

PANUCHOS

FRITTIERTE MAISFLADEN MIT SALAT

1 **Maisfladen:** Das Maismehl mit dem Dinkelmehl und dem Salz in einer Schüssel verrühren. Nach und nach Wasser zugeben, und währenddessen die Masse mit den Händen kneten. Nur soviel Wasser zugeben, bis der Teig sich verbunden hat (ca. 60–80ml). Teig 15 Min. ruhen lassen. Danach aus dem Teig kleine Bällchen formen (ca. 4–5 cm Ø) und diese mit dem Handballen möglichst flach drücken. Ein kleines Nudelholz nehmen und den Teig damit zu einem Kreis ausrollen. Das Öl in einem Wok (oder hoher Pfanne) erhitzen und die Teilchen nacheinander im Öl knusprig und goldbraun frittieren.

2 **Salat:** Alle Zutaten in einer kleinen Schüssel miteinander verrühren und mit Salz & Pfeffer abschmecken. Den Salat auf den Maisfladen verteilen und servieren.

Vorbereitung: 15 Min. / Ruhen: 15 Min. Kochzeit: 20 Min. Ergibt 8 Stück

ZUTATEN

Maisfladen

160 g	Maismehl
2 EL	Dinkelmehl
1 TL	Salz
	Wasser
	Öl zum Frittieren

Salat

½	rote Zwiebel, gehackt
½	gelbe Paprika, gewürfelt
1	rote Chilischote, gehackt
1	Tomate, gewürfelt
½	Avocado
200 g	Kidneybohnen, gekocht
2	Kohlblätter, feine Streifen
4 EL	Zitronensaft
1 TL	Paprikapulver
1 EL	Olivenöl
	Salz & frischer Pfeffer
1	Bund Koriander, gehackt

ZUTATEN

6	Kartoffeln
4 EL	Olivenöl
2	Paprikaschoten, gelb oder rot
1	Chilischote, gehackt gelb oder grün
50 g	Walnüsse
2	Knoblauchzehen, gehackt
300 g	Sojajoghurt
4 EL	Mayonnaise, vegan
	Salz & frischer Pfeffer
	Salatblätter

Option 1*

200 g	Soja-Granulat
6 EL	Olivenöl
4 TL	Paprikapulver
	Salz & frischer Pfeffer

Option 2*

250 g	Tofu, natur
4 EL	Olivenöl
4 TL	Kala Namak
	frischer Pfeffer

>>> * *Unser Tipp: Das Originalrezept wird mit hart gekochten Eiern serviert. Wir haben 2 Versionen vorbereitet, zwischen denen ihr beliebig wählen könnt.*

PAPA A LA HUANCAÍNA

KARTOFFELSALAT MIT PAPRIKASAUCE

1 Die Kartoffeln in sprudelndem Salzwasser bissfest garen, schälen und abkühlen lassen.

2 Die Paprika waschen, entkernen und würfeln. Eine Pfanne mit Olivenöl erhitzen und darin Paprikawürfel, gehackte Chilischote Walnüsse und Knoblauch 3–4 Min. anrösten. Danach abkühlen lassen.

3 Die Paprikamischung mit Sojajoghurt und Mayonnaise in einen Mixer geben und zu einer homogenen Creme pürieren. Mit Salz & Pfeffer abschmecken.

4 **Option 1:** Das Soja-Granulat nach Packungsbeilage vorbereiten und in einer Pfanne mit heißem Olivenöl kross braten. Mit Paprikapulver, Salz & Pfeffer würzen. **Option 2:** Den Tofu grob zerbröseln und in einer Pfanne in heißem Olivenöl kross braten. Mit Kala Namak und Pfeffer würzen.

5 Kartoffeln in Scheiben schneiden und auf Tellern mit Salatblättern anrichten, die Paprikacreme darauf verteilen und zum Schluss das Soja-Granulat bzw. den Tofu darüber geben.

Vorbereitung: 20 Min. **Kochzeit:** 20 Min. **Portionen:** 2–3

VILLA VEGANA
V
Lateinamerikanisch

OSTEUROPA

>>> Traditionelle Hausmannskost aus Polen, Ungarn, Russland & Georgien

KRÄUTER & GEWÜRZE

DIE WICHTIGSTEN BASICS

frischer Pfeffer
Paprikapulver
Koriander samen
Bohnenkraut
Liebstöckel

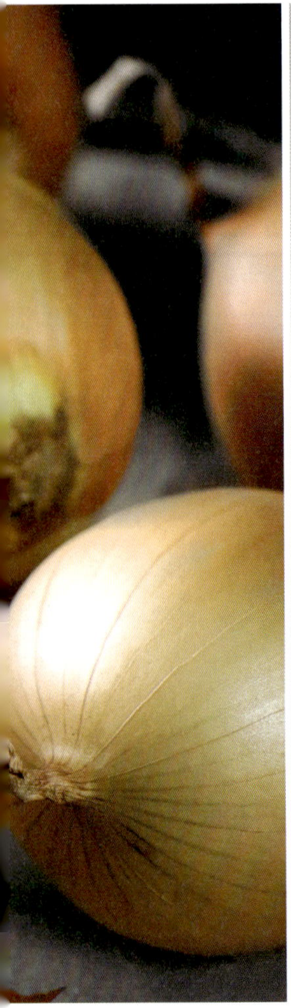

VILLA VEGANA
V
PARAISO VEGANO MALLORCA

BORSCHTSCH

ROTE BETE-EINTOPF MIT SÜSSKARTOFFELN

>>> * Unser Tipp: In der Ukraine wird Borschtsch gern mit einem Knoblauch-Öl-Dip sowie frischem Brot gereicht.

ZUTATEN

250 g	Tomaten
6 EL	Olivenöl
2	Zwiebeln, gehackt
2	Knoblauchzehen, gehackt
2	Karotten, gewürfelt
150 g	Knollensellerie, gewürfelt
1	Petersilienwurzel, gewürfelt
500 g	Rote Bete, gewürfelt
2 EL	Agavendicksaft
2 EL	Tomatenmark
4 EL	Rotwein-Essig
600 ml	Gemüsebrühe
3	Lorbeerblätter
1	Stiel Rosmarin
1	Zitrone, Saft & Abrieb
250 g	Süßkartoffeln, gewürfelt
250 g	Weißkohl, feine Streifen
	Cayennepfeffer (optional)
	Salz & frischer Pfeffer
1	Bund frischer Dill, gehackt
150 g	Sojajoghurt

1 Die Tomaten anritzen und kurz in kochendes Wasser legen, rausnehmen und die Schale abziehen. Die Tomaten fein hacken und beiseitestellen.

2 Öl in einem großen Topf erhitzen und darin Zwiebeln und Knoblauch goldbraun braten. Karotten, Sellerie und Petersilienwurzel zufügen und unter Rühren anschmoren. Rote Bete, Agavendicksaft und Tomatenmark zufügen, kurz mitdünsten und mit Rotwein-Essig ablöschen. Die Tomaten unterrühren und 2–3 Min. mitdünsten. Gemüsebrühe angießen und das Ganze einmal aufkochen lassen. Lorbeerblätter, Rosmarin und Zitronenabrieb zugeben und bei mittlerer Hitze 30 Min. kochen.

3 Die Süßkartoffeln und den Weißkohl zugeben und weitere 10–15 Min. köcheln lassen, bis alles gar ist. Zum Schluss mit Cayennepfeffer (optional), Zitronensaft, Salz & Pfeffer abschmecken. Den Borschtsch auf Tellern verteilen, mit viel Dill bestreuen und mit etwas Sojajoghurt servieren.

Vorbereitung: 15 Min. Kochzeit: 60 Min. Portionen: 3–4

ZUTATEN

Mayonnaise*

100 ml	kalte Sojamilch, ungesüßt
1 EL	Zitronensaft
1 TL	Apfelessig
200 ml	Rapsöl
2 TL	Senf
1	Prise Salz

600 g	Kartoffeln
300 g	Karotten, gewürfelt
300 g	TK-Erbsen
2–4 EL	Sherryessig
	Salz & frischer Pfeffer

>>> *Unser Tipp: Ihr könnt auch gerne fertige vegane Mayonnaise verwenden.

RUSSISCHER SALAT

MIT KARTOFFELN, ERBSEN & KAROTTEN

1 **Mayonnaise:** Sojamilch, Zitronensaft, Essig und Rapsöl in einen hohen Mixbecher füllen. Mit einem Pürierstab etwa 30 Sek. auf höchster Stufe mixen, bis eine cremige Konsitenz erreicht ist. Mit Senf, Salz & Pfeffer abschmecken und kaltstellen.

2 Kartoffeln in einem Topf mit Salzwasser ca. 20–30 Min. gar kochen. Die gewürfelten Karotten in einem zweiten Topf mit kochendem Salzwasser etwa 4 Min. garen, die Erbsen zugeben und weitere 2 Min. köcheln lassen. Danach in ein Sieb gießen und eiskalt abschrecken.

3 Kartoffeln schälen und in ca. 1–1,5 cm große Würfel schneiden. Mit dem Gemüse in eine Schüssel geben, die Mayonnaise unterrühren und mit Sherryessig, Salz & Pfeffer abschmecken. (Optional in einem Servierring anrichten.)

Vorbereitung: 15 Min. Kochzeit: 30 Min. Portionen: 5–6

ZUTATEN

3 EL	Pflanzenmargarine
1	Zwiebel, gewürfelt
1	Prise Zucker
50 ml	Gurkensud
6	Kartoffeln, gewürfelt
4	Karotten, gewürfelt
1	Lorbeerblatt
1 ½ l	Gemüsebrühe
1 Glas	Gewürzgurken* (Abtropfgewicht 360 g)
200 ml	Sojasahne
1	Bund frischer Dill, gehackt
	Salz & frischer Pfeffer

ZUPA OGÓRKOWA

SAURE-GURKEN-SUPPE MIT GEMÜSE

1 Die Zwiebeln in einem großen Topf mit 2 EL Pflanzenmargarine glasig dünsten. Eine Prise Zucker zugeben, kurz karamellisieren lassen und mit dem Gurkensud ablöschen.

2 Die Brühe angießen und die Kartoffeln, Karotten und das Lorbeerblatt zugeben. Alles ca. 15–20 Min. köcheln lassen, bis das Gemüse gar ist.

3 Währenddessen die Gurken mit einer Gemüseraspel in feine Streifen reiben und in einer Pfanne mit 1 EL Pflanzenmargarine kurz unter Rühren anbraten und zur Suppe geben.

4 Nun die Sojasahne unterrühren und die Suppe mit Salz & frischem Pfeffer abschmecken. Auf Tellern verteilen, mit viel Dill garnieren und mit Bauernbrot servieren.

Vorbereitung: 10 Min. Kochzeit: 25 Min. Portionen: 4–6

*Unser Tipp: Am besten nehmt ihr polnische Gewürzgurken. Ansonsten könnt ihr auch Senf-Dill-Gurken nehmen.

ZUTATEN

Ćevapčići

150 g	Reis
1	Zwiebel
2	Knoblauchzehen
1	Karotte
½	rote Paprikaschote
100 g	Champignons
3 EL	Olivenöl
200 ml	Bier
1 Stiel	Rosmarin
3 EL	Tomatenmark
1	Bund Petersilie, gehackt
½ EL	Paprika, edelsüß
½ EL	Thymian
½ EL	Majoran
4 TL	Kreuzkümmel
2 TL	Cayennepfeffer
250 g	Haferflocken, fein
	Salz & frischer Pfeffer

Djuvec

200 g	TK-Erbsen
2	rote Paprikaschoten
2	Zwiebeln
300 g	Langkornreis
600 ml	Gemüsebrühe
2 EL	Olivenöl
1 EL	Tomatenmark
200 g	Ajvar

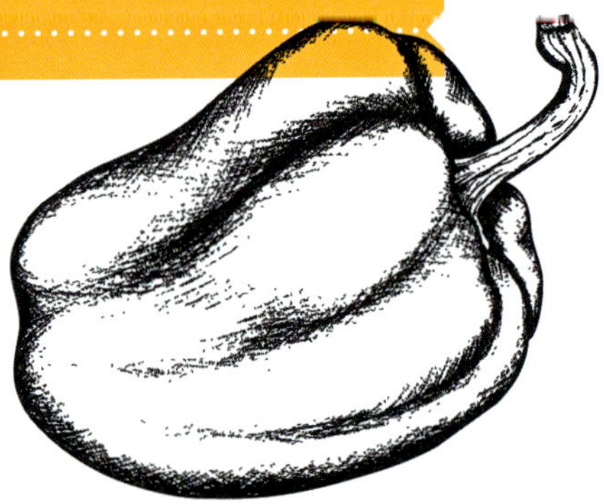

>>> * *Unser Tipp: Die Ćevapčići schmecken auch sehr lecker zu Blitva, dem Kartoffel-Mangold Püree von Seite 43.*

ĆEVAPČIĆI & DJUVEC

GEMÜSE-RÖLLCHEN MIT ROTEM WÜRZREIS*

1 **Ćevapčići:** Den Reis in Salzwasser gar kochen. Danach abkühlen lassen. Zwiebel, Knoblauch, Karotte Paprika und Champignons würfeln und in einer Pfanne mit heißem Olivenöl 5 Min. anbraten. Mit Bier ablöschen, Rosmarin-Stiel zugeben und alles einkochen lassen, bis das Bier verkocht ist. Rosmarin entfernen. Tomatenmark, Petersilie und sämtliche Gewürze zugeben und kurz mitdünsten. Alles etwas abkühlen lassen und in einer Küchenmaschine relativ fein pürieren. Die Masse zusammen mit den Haferflocken zum Reis geben und alles mit den Händen gut durchkneten.

2 **Djuvec:** Die Erbsen in einer Schüssel auftauen lassen. Zwiebeln und Paprika fein würfeln und in einem Topf mit heißem Olivenöl andünsten. Den Reis zufügen und mit Gemüsebrühe ablöschen. Ajvar und Tomatenmark unterrühren und den Reis zugedeckt bei mittlerer Hitze ca. 20 Min. garen. 5 Min. vor Ende der Garzeit die Erbsen zufügen.

3 Nun mit feuchten Händen Röllchen aus der Ćevapčići-Masse formen, leicht mit Öl bepinseln und in einer Pfanne mit Öl etwa 5 Min. rundherum knusprig braten.

Vorbereitung: 20 Min. **Kochzeit:** 60 Min. **Portionen:** 4–6

VILLA VEGANA
V
Osteuropäisch

BIGOS

DEFTIGER SAUERKRAUT-KOHLEINTOPF

ZUTATEN

1 Dose	Sauerkraut (300 g)
5 EL	Olivenöl
100 g	Räuchertofu
4 EL	Tomatenmark
1	Zwiebel, Ringe
300 g	Weißkohl, feine Streifen
150 ml	Rotwein
1 l	Gemüsebrühe
2	Lorbeerblätter
½ EL	Wacholderbeeren
1 EL	Majoran, getrocknet
5	getrocknete Pflaumen
	Salz & frischer Pfeffer

Optional

4–6	vegane Würstchen (Polnische Art oder Bauernknacker)

1 Das Sauerkraut in ein Sieb geben, abtropfen lassen und gut mit den Händen auswringen. 4 EL Olivenöl in einem großen Topf oder Bräter erhitzen und darin den Räuchertofu mit etwas Salz und den Zwiebelringen ca. 3–4 Min. anbraten. Tomatenmark und Weißkohl zugeben, kurz mitdünsten und mit Rotwein ablöschen. Lorbeer, Wacholderbeeren, Majoran und Pflaumen zugeben und alles ca. 10 Min. auf kleiner Flamme köcheln lassen. Die Gemüsebrühe angießen und das Sauerkraut unterrühren und weitere 20–30 Min. auf kleiner Flamme garen. Mit Salz & Pfeffer abschmecken.

2 Optional: Die Würstchen kurz in 1 EL heißem Olivenöl anbraten, in Scheiben schneiden und zum Bigos geben. Mit Bauernbrot servieren.

Vorbereitung: 10 Min. | Kochzeit: 45 Min. | Portionen: 4–6

LECSÓ (LETSCHO)

TOMATEN-PAPRIKA-SCHMORPFANNE

1 Das Olivenöl in einem Topf oder Bräter erhitzen und darin Räuchertofu und Zwiebeln goldbraun rösten. Knoblauch und Sellerie zugeben und 2–3 Min. mitdünsten. Die Paprika ebenfalls zugeben und 5 Min. anschmoren. Agavendicksaft und Tomatenmark unterrühren und 2 Min. mitdünsten. Nun Tomaten, Zitronenabrieb, grünen Pfeffer, Paprikapulver, Lorbeer und Rosmarin zugeben und die Brühe angießen.

2 Das Gemüse bei halb geschlossenem Deckel auf niedriger Flamme ca. 30 Min. garen. Mit Salz, Pfeffer und Chiliflocken abschmecken und mit frischem Bauernbrot servieren.

Vorbereitung: 10 Min. Kochzeit: 40 Min. Portionen: 4

ZUTATEN

4 EL	Olivenöl
100 g	Räuchertofu
1	Zwiebel, gehackt
2	Knoblauchzehen, gehackt
1	Selleriestange, Scheiben
2	rote Paprika, gewürfelt
1	gelbe Paprika, gewürfelt
1	grüne Paprika, gewürfelt
1 EL	Agavendicksaft
2 EL	Tomatenmark
400 g	geschälte Tomaten, gehackt (aus Dose oder frisch)
½	Zitrone, Abrieb
1 TL	grüner Pfeffer, gehackt
1 EL	Paprikapulver, edelsüß
1	Lorbeerblatt
1	Stiel Rosmarin, gehackt
250 ml	Gemüsebrühe
	Chiliflocken (optional)
	Salz & frischer Pfeffer

VILLA VEGANA
V
Osteuropäisch

>>> * Unser Tipp: Die Pilz-Ravioli kann man auch ohne Suppe zubereiten. Nach dem garen einfach kross in etwas Olivenöl anbraten und servieren.

BARSZCZ Z USZKAMI

ROTE BETE-SUPPE MIT PILZ-RAVIOLI

1 Das Olivenöl in einem großen Topf erhitzen und die Zwiebeln darin glasig dünsten. Pimentkörner, Knoblauch, Rote Bete, Petersilienwurzel, Sellerie und Karotte zugeben und kurz mitdünsten. Majoran und Lorbeer unterrühren und die Gemüsebrühe angießen. Alles aufkochen und ca. 30 Min. auf kleiner Flamme köcheln lassen. Danach das Gemüse abseihen und die Suppe mit Agavendicksaft, Zitronensaft und Salz abschmecken.

2 Die Champignons fein würfeln. Eine Pfanne ohne Fett auf hoher Flamme erhitzen, die Pilze zugeben und mit einem Deckel abdecken. Sobald die Flüssigkeit aus den Pilzen austritt den Deckel abnehmen und das Wasser verdampfen lassen. Nun 1 EL Olivenöl und die gehackte Zwiebel zugeben und das Ganze auf niedriger Flamme 10 Min. unter Rühren anbraten. Mit Salz, Pfeffer und Majoran abschmecken.

3 Für die Nudeltaschen aus dem Mehl, Salz und ca 100 ml kochendem Wasser einen glatten Teig kneten und dünn (max. 2 mm) auf einer bemehlten Fläche ausrollen. Mit einem Glas oder Kreis-Ausstecher 6 cm große Kreise ausstechen. Die Füllung portionsweise auf die Kreise geben, die Ränder mit Wasser bestreichen, zu Halbmonden zusammenklappen und die Seiten nach innen einschlagen und ebenfalls zusammendrücken. In kochendem Salzwasser bei kleiner Hitze ca. 6 Min. garen. Die Suppe in vorgewärmte tiefe Teller füllen, einige Teigtaschen zugeben und servieren.

Vorbereitung: 35 Min. Kochzeit: 60 Min. Portionen: 4

ZUTATEN

Suppe

2 EL	Olivenöl
1	Zwiebel, gehackt
1 TL	Pimentkörner
2	Knoblauchzehen, gehackt
500 g	Rote Bete, gewürfelt
1	Petersilienwurzel, gewürfelt
200 g	Sellerieknolle, gewürfelt
1	Karotte, gewürfelt
2 TL	Majoran, getrocknet
1	Lorbeerblatt
1,5 l	Gemüsebrühe
1 EL	Agavendicksaft
1	Zitrone, Saft
	Salz

Pilz-Ravioli

250 g	Champignons, gewürfelt
½	Zwiebel, fein gehackt
3 EL	Öl
2	Lorbeerblätter
150 g	Mehl
1 TL	Salz
	Majoran
	Salz & frischer Pfeffer

RÁNTOTT SAJT

BACK-CASHEWKÄSE MIT TATAREN-SAUCE

ZUTATEN

Cashew-Käse

250 g	Cashewkerne
700 ml	Wasser
8 g	Agar Agar
4 EL	Zitronensaft
2 TL	Apfelessig
1 EL	Misopaste oder
2 TL	Hefeextrakt
1 EL	Zwiebelpulver
40 g	Hefeflocken
1 TL	Knoblauchpulver
1 EL	Olivenöl
2 TL	Salz
1 TL	Raucharoma (optional)

Tataren-Sauce

1	Zwiebel, gehackt
8	Gewürzgurken, gehackt
2	Knoblauchzehen, gepresst
200 g	Mayonnaise, vegan*
4 EL	Kapern
4 EL	Sojajoghurt
1	Bund Schnittlauch
	Salz & frischer Pfeffer

Panade

1 EL	Sojamehl
100 ml	Sojasahne
100 g	Semmelbrösel

>>> * Ihr könnt entweder fertige Mayonnaise nehmen oder das Rezept von S. 168 verwenden.

1 Die Cashewkerne im Mixer fein mahlen. In einem Topf Wasser mit Agar Agar unter Rühren aufkochen und auf kleiner Flamme 5 Min. köcheln lassen. Die restlichen Zutaten für den Cashew-Käse zu den gemahlenen Cashewkernen geben. Das Agar Agar-Wasser zugeben und alles zu einer homogenen Masse mixen. Eine 20 x 10 cm Form einfetten und die Masse darin glattstreichen. Mindestens 2 Std. kaltstellen.

2 Währenddessen die Zutaten für die Tataren-Sauce miteinander verrühren und kaltstellen.

3 Den Cashew-Käse auf ein Brett stürzen und in gleichmäßige Dreiecke schneiden. Sojasahne und Sojamehl verrühren und Käse darin wenden. Danach in Semmelbröseln wenden und einer Pfanne mit heißem Fett von allen Seiten knusprig braten. Mit Tataren-Sauce servieren.

Vorbereitung: 20 Min. / Kühlen: 2 Std. Backzeit: 30 Min. Portionen: 6–8

ZUTATEN

500 g	frischer Spinat
180 g	Walnüsse, gehackt
2	Knoblauchzehen
2 TL	Weißweinessig
1 TL	Granatapfelsirup
2 TL	Bockshornklee*
½	Granatapfel
1	Bund frischer Koriander
	Salz & frischer Pfeffer

PKHALI

SPINAT-WALNUSSBÄLLCHEN

1 Spinat waschen, Stiele entfernen, grob hacken und 10 Min. in Salzwasser kochen. Abgießen, auf ein sauberes Küchenhandtuch geben und abkühlen lassen. Danach mit den Händen gut ausdrücken.

2 Währenddessen Walnüsse, Knoblauch, Essig, Sirup, Koriander und die Gewürze in einer Küchenmaschine feinhacken. Danach den Spinat zugeben und kurz mitpürieren. (Je nach Geschmack kann man den Spinat gröber lassen oder ganz fein pürieren).

3 Die Masse zu kleinen Bällchen formen (ca. 4–5 cm Ø). Mit Granatapfelkernen und Walnüssen anrichten und mit Pita-Brot servieren.

Unser Tipp: Hier könnt ihr sowohl gemahlene als auch getrocknete Blätter verwenden.

Vorbereitung: 20 Min. Kochzeit: 10 Min. Portionen: 4

ZUTATEN

1 Dose	Sauerkraut (300 g)
4 EL	Olivenöl
1	Zwiebel, gewürfelt
1–2 TL	Pfefferkörner
2	Knoblauchzehen, gehackt
350 g	Kartoffeln, gewürfelt
2	Karotten, Scheiben
1	Prise Zucker
2 EL	Tomatenmark
50 ml	Gurkenwasser
1 ½ l	Gemüsebrühe
2	rote Paprika, gewürfelt
150 g	Gewürzgurken, Scheiben
½ EL	Kümmel
1	Zitrone, Abrieb
1	Lorbeerblatt
2 TL	Senf
3 TL	Paprikapulver, edelsüß
	Ajvar nach Geschmack
	Salz & frischer Pfeffer
200 g	Sour Cream, vegan* (alt. Sojajoghurt)
1	Bund Petersilie, gehackt
200 g	Räuchertofu, gewürfelt
4	Wiener Würstchen, vegan (optional)

>>> *Unser Tipp: Wer die Sour Cream selber machen möchte, kann das Rezept Seite 203 entnehmen.

SOLIANKA

SAUERKRAUT-GEMÜSE-EINTOPF

1 Sauerkraut in ein Sieb geben, gut abtropfen lassen und mit den Händen auswringen. Olivenöl in einem großen Topf oder Bräter erhitzen und darin Zwiebeln, Pfefferkörner und Knoblauch ca. 3–4 Min. anbraten. Kartoffeln und Karotten zugeben und weitere 4 Min. braten. Zucker und Tomatenmark einrühren, kurz mitdünsten und mit Gurkenwasser ablöschen. Die Gemüsebrühe angießen und das Sauerkraut sowie gewürfelte Paprika und Gurken zugeben.

2 Kümmel, Zitronenabrieb, Lorbeer, Senf und Paprikapulver unterrühren und alles bei mittlerer Hitze ca. 30 Min. köcheln, bis das Gemüse gar ist. Kurz vor Ende der Garzeit den Räuchertofu mit etwas Salz in einer kleinen Pfanne kross braten und zum Eintopf geben. Die veganen Wiener in Scheiben schneiden und ebenfalls zugeben (optional). Den Eintopf mit Ajvar, Salz & Pfeffer abschmecken.

3 Die Solianka auf Tellern verteilen und jeweils mit 1 EL Sour Cream* (bzw. Sojajoghurt) anrichten und mit Petersilie bestreuen.

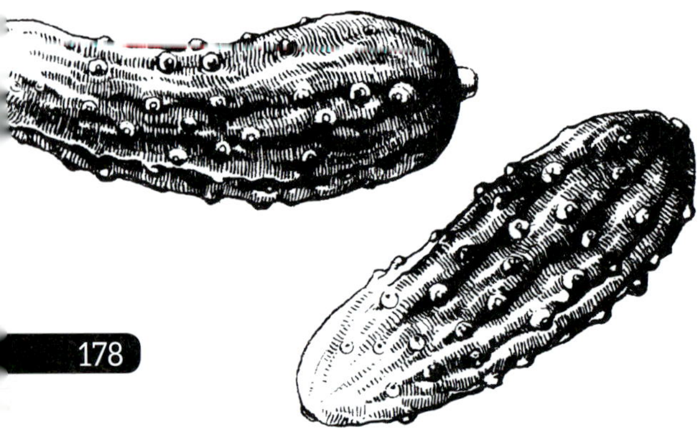

Vorbereitung: 20 Min. **Kochzeit: 40 Min.** **Portionen: 4–6**

LA VEGANA
päisch

ZUTATEN

Bratlinge

450 g	Kartoffeln
250 g	Buchweizen
3 TL	Majoran
1 EL	Kartoffelmehl
3 EL	Semmelbrösel
	Salz & frischer Pfeffer

Füllung

1	Zwiebel, gehackt
2 EL	Olivenöl
150 g	Champignons, fein gewürfelt
½	Zucchini, fein gewürfelt
2	Knoblauchzehen, gehackt
2 EL	Sojasauce
1	Bund glatte Petersilie
	Salz & frischer Pfeffer

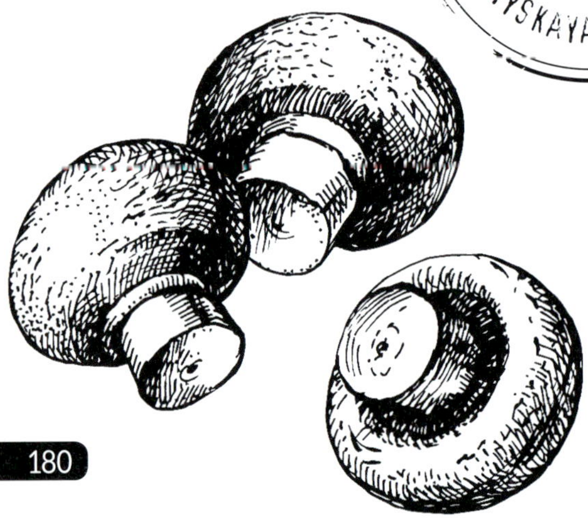

KOTLETY

BUCHWEIZEN-BRATLINGE MIT PILZFÜLLUNG

1 **Bratlinge:** Kartoffeln schälen, vierteln und gar kochen. Danach zu Kartoffelbrei stampfen und abkühlen lassen. Währenddessen den Buchweizen nach Packungsanweisung kochen und mit dem Kartoffelbrei in einer Schüssel vermengen. Kartoffelmehl und Semmelbrösel zugeben und mit Majoran, Salz & Pfeffer abschmecken.

2 **Füllung:** Zwiebeln in einer Pfanne mit heißem Olivenöl andünsten. Champignons, Zucchini und Knoblauch zugeben und für 3 Min. mitdünsten. Sojassauce zugeben und die Petersilie unterrühren.

3 Aus der Bratling-Masse Kugeln formen (ca. 6 cm Ø). Mit dem Daumen ein Loch hineindrücken und etwas Füllung hineingeben. Die Öffnung verschließen und zu einem Bratling formen. In heißem Öl von beiden Seiten knusprig braten.

Vorbereitung: 15 Min. | Kochzeit: 30 Min. | Ergibt 4–6 Bratlinge

ZUTATEN

2 EL	Olivenöl
150 g	Räuchertofu, gewürfelt
100 g	Pflanzenmargarine
2	Zwiebeln, gewürfelt
2	Knoblauchzehen, gehackt
100 g	Knollensellerie, gewürfelt
2	Karotten, gewürfelt
600 g	Kartoffeln, gewürfelt
1 EL	Majoran, getrocknet
1 Stiel	Rosmarin
1	Lorbeerblatt
1 ½ l	Gemüsebrühe
150 g	Soyananda Sauerrahm (alt. Sojajoghurt)
3 TL	Kala Namak
	Salz & frischer Pfeffer
4	runde Brote (ca. 15 cm Ø)

ZUREK W CHLEBIE

CREMIGE KARTOFFELSUPPE IM BROT

1 Das Olivenöl in einem großen Topf erhitzen und darin den Räuchertofu mit der Zugabe einer Prise Salz kross anbraten. Pflanzenmargarine zugeben und die Zwiebeln darin glasig dünsten. Knoblauch, Sellerie, Karotten, Kartoffeln, Majoran, Rosmarin und Lorbeer zugeben und kurz mitdünsten. Mit Gemüsebrühe ablöschen und die Suppe auf niedriger Flamme ca. 15 Min. köcheln lassen, bis das Gemüse gar ist. Den Sauerrahm (bzw. Sojajoghurt) unterrühren und mit Kala Namak, Salz & Pfeffer abschmecken. Rosmarin und Lorbeer entfernen und die Suppe mit einem Stabmixer pürieren.

2 Die Brote oben aufschneiden, das Innere mit einem Löffel ausschaben (es sollte ein 3 cm dicker Rand bleiben). Die Brote kurz im Ofen erwärmen, Suppe einfüllen und servieren.

* Unser Tipp: Schmeckt sehr lecker mit gebratenen, veganen Bauern-Knackern.

Vorbereitung: 15 Min. Kochzeit: 25 Min. Portionen: 4

VILLA VEGANA
V
Osteuropäisch

>>> * Unser Tipp: Wer sich etwas Arbeitszeit sparen will, kann anstelle der Semmelknödel auch Reis servieren.

SATARASCH

HIRTENGULASCH MIT SEMMELKNÖDELN

1 Die Sojamedaillons in eine Schüssel geben und mit heißer Gemüsebrühe übergießen. 10 Min. ziehen lassen, abgießen und etwas abkühlen lassen. Danach mit den Händen ausdrücken und einmal grob in der Mitte zerpflücken.

2 4 EL Olivenöl in einem großen Topf oder Bräter erhitzen und die Sojamedaillons von allen Seiten darin anbraten. Herausnehmen und beiseitestellen. 2 EL Olivenöl in den Topf geben und darin Zwiebeln und Knoblauch (im Ganzen) andünsten. Karotten und Champignons zugeben und kurz mitdünsten. Tomatenmark und gehackte Tomaten unterrühren, kurz mitdünsten und die Gemüsebrühe angießen. Die Paprikaschoten und die Sojamedaillons zugeben und alles mit Salz, Pfeffer, Thymian und Paprikapulver abschmecken. Das Gulasch bei halb geschlossenem Deckel auf kleiner Flamme mind. 1 Std. schmoren lassen. Kurz vor Ende der Schmorzeit die Erbsen unterrühren und eventuell noch etwas Brühe angießen.

3 **Knödel*:** Die Zwiebeln in einer kleinen Pfanne mit Pflanzenmargarine glasig dünsten. Das Weißbrot in der Hafermilch einweichen. Petersilie, Zwiebeln, Muskat, Salz und Sojamehl zugeben und alles gut vermengen. Aus der Masse mit feuchten Händen 8 Knödel formen. Salzwasser in einem großen Topf aufkochen lassen und die Knödel einlegen und bei sehr niedriger Hitze 20 Min. garen lassen. Vorsichtig herausnehmen, abtropfen lassen und mit dem Satarasch servieren.

Vorbereitung: 30 Min. **Kochzeit: 80 Min.** **Portionen: 4**

ZUTATEN

250 g	Sojamedaillons
	Gemüsebrühe
6 EL	Olivenöl
2	Zwiebeln, Spalten
4	Knoblauchzehen
2	Karotten, Scheiben
150 g	Champignons
4 EL	Tomatenmark
6	geschälte Tomaten, (frisch od. Dose)
1	rote Paprika, gewürfelt
1	grüne Paprika, gewürfelt
500 ml	Gemüsebrühe
1 TL	Thymian, getrocknet
	Salz & frischer Pfeffer
1 EL	Paprikapulver, edelsüß
150 g	TK-Erbsen

Semmelknödel*

2	Zwiebeln, fein gehackt
2 EL	Pflanzenmargarine
300 g	altes Weißbrot
300 ml	Hafer- oder Sojamilch
1	Bund Petersilie, gehackt
½ TL	Muskatnuss, gemahlen
4 EL	Sojamehl
2 TL	Salz

ZUTATEN

460 g	TK-Blätterteig, vegan
150 g	Sauerkraut (Dose)
2 EL	Olivenöl
100 g	Räuchertofu, gewürfelt
1	Zwiebel, gehackt
	Salz & frischer Pfeffer
1	Prise Zucker
2 TL	Kümmel
4 EL	Sojasahne

Joghurt-Dip

400 g	Sojajoghurt
1	Bund frischer Dill, gehackt
2 EL	Zitronensaft
	Salz & frischer Pfeffer

*Unser Tipp: Diese Piroggen sind ein ideales Fingerfood für Partys.

BLÄTTERTEIG-PIROGGEN

MIT SAUERKRAUTFÜLLUNG

1 Blätterteig auftauen und Sauerkraut abtropfen lassen. Eine Pfanne mit Olivenöl erhitzen und darin Räuchertofu und Zwiebeln mit etwas Salz goldbraun rösten. Eine Prise Zucker zugeben, das Sauerkraut unterrühren und 2 Min. mitbraten. Mit Salz, Pfeffer und Kümmel abschmecken.

2 Backofen auf 200° C (Umluft) vorheizen. Blätterteig ausrollen und in gleich große Quadrate schneiden (ca. 10 x 10 cm). Die Ränder mit Wasser bestreichen. Auf die Teighälften 1 EL Sauerkraut-Füllung geben und die Quadrate diagonal zu Dreiecken falten. Die Ränder mit einer Gabel fest andrücken. Teigtaschen auf ein mit Backpapier belegtes Backblech legen. Mit Sojasahne bestreichen und ca. 20 Min. goldbraun backen.

3 Die Zutaten für den Dip in einer Schale miteinander verrühren.

Vorbereitung: 20 Min. | Kochzeit: 10 Min. | Backzeit: 20 Min. | Ergibt ca. 18 Stück

SEITAN STROGANOFF

GESCHNETZELTES MIT GURKEN & PILZEN

1 3 EL Olivenöl in einer Pfanne erhitzen und darin den in feine Streifen geschnittenen Seitan von allen Seiten kross anbraten. Mit Salz & Pfeffer würzen und beiseitestellen.

2 2 EL Olivenöl in einem Topf erhitzen und darin die Champignons und Zwiebeln 4–5 Min. anschwitzen. Die Gewürzgurken und Knoblauch zugeben und kurz mitschwitzen. Nun Tomatenmark und Senf unterrühren, ebenfalls kurz anschwitzen und dann mit Weißwein ablöschen. Die Gemüsebrühe angießen und einmal aufkochen lassen. Sahne, Thymian und Seitan zugeben und alles auf kleiner Flamme 2–3 Min. köcheln lassen. Mit Muskat, Salz & Pfeffer abschmecken. Die Nudeln* kochen, auf Tellern verteilen und mit dem Geschnetzelten und etwas gehackter Petersilie anrichten.

Vorbereitung: 15 Min. Kochzeit: 15 Min. Portionen: 4

ZUTATEN

5 EL	Olivenöl
500 g	Seitan, feine Streifen
400 g	Champignons, Scheiben
2	Zwiebeln, Ringe
6	Gewürzgurken, Streifen
1	Knoblauchzehe, gehackt
2 EL	Tomatenmark
2 TL	Senf
150 ml	Weißwein
250 ml	Gemüsebrühe
250 ml	Sahne
1 EL	Thymian, getrocknet
	Salz & frischer Pfeffer
1	Prise Muskat
1	Bund Petersilie, gehackt
500 g	Fusilli*

* Unser Tipp: Schmeckt auch zu Reis oder Kartoffelbrei

VILLA VEGANA

>>> *Unser Tipp: Das Sojagranulat kann in diesem Rezept perfekt mit 400 g gekochten Linsen ersetzt werden.

TÖLTÖTT KÁPOSZTA

KRAUTWICKEL IN SAUERKRAUT-SAUCE

1 Den Reis bissfest garen. Das Sojagranulat 5 Min. in Gemüsebrühe einweichen, danach abgießen und ausdrücken. 8 Kohlblätter abtrennen und nacheinander für je 2–3 Min. in kochendem Wasser blanchieren.

2 Das Sojagranulat mit der Hälfte der Zwiebeln, dem Knoblauch und den Paprikawürfeln im Olivenöl für 5 Min. anbraten. Mit Thymian, Majoran, Paprikapulver, Salz & Pfeffer würzen. Danach mit dem gekochten Reis vermischen.

3 Die Masse gleichmäßig auf die blanchierten Kohlblätter verteilen. Die Außenseiten der Blätter zur Mitte hin einschlagen und dann zu festen Rouladen aufrollen. Backofen auf 180° C (Umluft) vorheizen.

4 Das Sauerkraut abtropfen lassen und ausdrücken. Pflanzenmargarine in einem Topf erhitzen und darin die restlichen Zwiebeln glasig dünsten. Sauerkraut und Tomatenmark zugeben und kurz mitdünsten. Die Gemüsebrühe angießen und die passierten Tomaten unterrühren und 5 Min. köcheln lassen. Die Hälfte des Sauerkrauts auf eine Auflaufform verteilen, die Kohlrouladen darauflegen und mit restlichem Sauerkraut bedecken. Zugedeckt im Backofen 90 Min. garen.

5 Den Räuchertofu salzen und in heißem Olivenöl knusprig braten. Die Rouladen auf Tellern verteilen und mit Räuchertofu, Sour Cream und Schnittlauch-Röllchen anrichten.

Vorbereitung: 30 Min. Kochzeit: 20 Min. / Backzeit: 90 Min Portionen: 8

ZUTATEN

100 g	Langkornreis
200 g	Sojagranulat*
	Gemüsebrühe
1	Weißkohl
2	Zwiebeln, gehackt
1	grüne Paprika, Würfel
30 ml	Olivenöl
2	Knoblauchzehen, gehackt
750 g	Sauerkraut (Dose)
1 EL	Thymian
1 EL	Majoran
½ EL	Paprikapulver, scharf
½ EL	Paprikapulver, edelsüß
2 EL	Tomatenmark
300 ml	passierte Tomaten
4 EL	Pflanzenmargarine
800 ml	Gemüsebrühe
	Salz & frischer Pfeffer

Topping

150 g	Räuchertofu, fein gewürfelt
100 g	vegane Sour Cream (S. 203) (alt. Sojajoghurt)
1	Bund Schnittlauch

VILLA VEG
Skandin

SKANDINAVIEN

>>> Nordische Kost mal anders:
Vom dänischen Smørrebrød
zur finnischen Sommersuppe

KRÄUTER & GEWÜRZE

DIE WICHTIGSTEN BASICS

getrockneter Dill >>>

<<< Lorbeer

<<< Wacholder

Zwiebeln >>>

>>> Senfsaat

Knoblauch
Nori-Algen
frischer Dill
frischer Pfeffer
Meersalz

VILLA VEGANA
V

VILLA VEGANA
V
Skandinavisch

>>> *Unser Tipp: Den Matjes einfach mit etwas frischem Salat auf Schwarzbrot geben und fertig ist das Smørrebrød.

DÄNISCHER "MATJES"

MARINIERTE AUBERGINEN IN DILL-SAHNESAUCE

1 Die Auberginen jeweils mit Schale der Länge nach in 4 gleichbreite Scheiben schneiden (geht am besten mit einer Brotschneidemaschine) und in einem großen Topf mit kochendem Wasser ca. 10 Min. gar kochen. Auberginen herausnehmen, auf Küchenpapier legen und abkühlen lassen. Danach die Schale entfernen und die Auberginen vorsichtig ausdrücken.

2 Die Zutaten für die Marinade in einen kleinen Topf geben und kurz aufkochen. Danach abkühlen lassen und mit den Auberginenscheiben in einen luftdichten Behälter geben und über Nacht kaltstellen.

3 Am nächsten Tag die Auberginen aus der Marinade nehmen und in ein Sieb geben und abtropfen lassen. In einer Schüssel Sojajoghurt, Sojasahne und Meerrettich verrühren. Den Apfel vierteln, entkernen und in feine Spalten schneiden, Zwiebel in feine Ringe und Gurken in Scheiben schneiden. Zusammen mit Nori-Algen, Dill, Salz & Pfeffer unterrühren. Zum Schluss die Auberginenfilets zugeben und vorsichtig verrühren. Dazu schmecken Knäckebrot* oder Bratkartoffeln mit kross gebratenem Räuchertofu.

ZUTATEN

2–3	Auberginen

Marinade

250 ml	Weißwein
200 ml	Kräuteressig
70 g	Zucker
1	rote Zwiebel, Ringe
2 TL	Salz
2	Lorbeerblätter
½ EL	Wacholderbeeren
½ EL	Pfefferkörner
1 EL	Senfsamen
2 EL	Dill, getrocknet
3 EL	Nori-Algen, gemahlen

Sauce

300 g	Sojajoghurt
100 ml	Sojasahne
1 EL	Meerrettich
1	Apfel
200 g	Gewürzgurken
1	rote Zwiebel
1–2 EL	Nori-Algen, gemahlen
Bund	Dill, frisch
	Salz & frischer Pfeffer

Vorbereitung: 20 Min. / Marinieren: über Nacht Kochzeit: 20 Min. Portionen: 4

ZUTATEN

800 g	Weißkohl, Streifen
400 g	Sojagranulat
	Gemüsebrühe
6 EL	Olivenöl
180 g	Pflanzenmargarine
60 g	Mehl
500 ml	Gemüsebrühe
250 ml	Sojasahne
2 TL	Senf
Prise	Muskat
1	Bund Petersilie, gehackt
	Salz & frischer Pfeffer

*Unser Tipp: Zu diesem Gericht schmecken Kartoffeln oder Kartoffelbrei.

STUVAD VITKÅL

KRAUTEINTOPF IN BÉCHAMELSAUCE*

1 Den in Streifen geschnittenen Weißkohl in einem Topf mit kochendem Salzwasser 10 Min. garen. Danach in ein Sieb geben und abtropfen lassen.

2 Das Sojagranulat mit Gemüsebrühe übergießen, sodass sich die Körner gut vollsaugen aber kein überschüssiges Wasser bleibt. 5 Min. ruhen lassen und danach in einer Pfanne mit 4 EL heißem Olivenöl knusprig braten.

3 Die Pflanzenmargarine in einem großen Topf auf niedriger Flamme schmelzen lassen. Das Mehl einrühren, die Sahne zugeben und alles gut verrühren. 500 ml Gemüsebrühe unter Rühren angießen. Mit Senf, Muskat, Salz & Pfeffer würzen und 10 Min. köcheln lassen. Den Kohl in einer Pfanne in 2 EL Öl anbraten und mit dem Sojagranulat in den Topf zur Béchamelsauce geben. Petersilie zugeben und alles gut verrühren.

Vorbereitung: 10 Min. **Kochzeit: 35 Min.** **Portionen: 4**

ROLLMOPS

GEFÜLLTE AUBERGINEN-RÖLLCHEN

1 Die Auberginen jeweils mit Schale der Länge nach in 4 gleichbreite Scheiben schneiden und in einem großen Topf mit kochendem Wasser ca. 10 Min. gar kochen. Auberginen herausnehmen, auf Küchenpapier legen und abkühlen lassen. Danach die Schale entfernen und die Auberginen vorsichtig ausdrücken. Die Scheiben mit Senf bestreichen und mit Gurken-Zwiebel- und Paprikastreifen belegen. Nun die Auberginenscheiben vorsichtig und möglichst fest aufrollen und mit einem Zahnstocher feststecken.

2 Die Zutaten für die Marinade in einen kleinen Topf geben und kurz aufkochen. Danach abkühlen lassen und zusammen mit den aufgerollten Auberginen in einen luftdichten Behälter geben und über Nacht marinieren lassen.

Vorbereitung: 20 Min. / Marinieren: über Nacht
Kochzeit: 20 Min.
Ergibt 8–12 Stück

ZUTATEN

2–3 Auberginen

Marinade
250 ml Weißwein
200 ml Kräuteressig
70 g Zucker
1 rote Zwiebel, Ringe
2 TL Salz
2 Lorbeerblätter
½ EL Wacholderbeeren
½ EL Pfefferkörner
1 EL Senfsamen
2 EL Dill, getrocknet
3 EL Nori-Algen, gemahlen

Füllung
2 EL Senf
4–5 Gewürzgurken, Streifen
½ rote Zwiebel, Streifen
½ rote Paprika, Streifen

>>> *Zu diesem Rezept wurden wir von Jérôme Eckmeier inspiriert.*

ZUTATEN

250 g	Sojagranulat
1 EL	Sojasauce
1	Zwiebel, fein gehackt
2 TL	Pflanzenmargarine
100 g	Semmelbrösel
1 EL	Dijonsenf
1 EL	Kartoffelstärke
½ EL	Paprikapulver
	Salz & frischer Pfeffer
	Öl zum Braten

Sauce

1 EL	Pflanzenmargarine
1 ½ EL	Mehl
300 ml	Gemüsebrühe
200 ml	Sojasahne
4 EL	Hefeflocken
2 EL	Dill, getrocknet
1 EL	Zitronensaft
	etwas Gurkensud
	Salz & frischer Pfeffer

>>> * *Unser Tipp: Die Schweden servieren zu ihren Köttbullar gerne Kartoffelbrei und Preiselbeermarmelade.*

KÖTTBULLAR

SOJA-HACK-BÄLLCHEN MIT DILL-SAUCE

1 Das Granulat in reichlich Gemüsebrühe und Sojasauce geben und 10 Min. einweichen lassen. Währenddessen die Zwiebeln in Pflanzenmargarine anrösten, beiseitestellen und abkühlen lassen. Anschließend Granulat in ein Sieb abschütten und etwas auskühlen lassen. Danach gut ausdrücken, in eine große Schüssel geben und mit Semmelbröseln verrühren. Senf, Kartoffelstärke und Zwiebeln zugeben und mit Paprikapulver, Salz & Pfeffer abschmecken. Alles gut miteinander vermengen und die Masse ca. 15 Min. ruhen lassen. Wenn diese nach der Ruhezeit noch nicht fest genug sein sollte, mehr Semmelbrösel zugeben. Aus der Masse kleine Kugeln (ca. 4 cm Ø) formen. Das Sonnenblumenöl in einer Pfanne erhitzen und die Bällchen rundherum goldbraun anbraten.

2 Das Mehl in Pflanzenmargarine anschwitzen und anschließend mit der Gemüsebrühe ablöschen, Sahne zugeben und die Hefeflocken einrühren. Kurz aufkochen lassen und mit Gurkensud, Dill, Zitronensaft, Salz & Pfeffer abschmecken.

Vorbereitung: 20 Min. / Ruhen: 15 Min. **Kochzeit: 15 Min.** **Portionen: 4**

LA VEGANA
visch

ZUTATEN

1	Zwiebel, gewürfelt
400 g	Champignons
400 g	Steinpilze*
50 g	Pflanzenmargarine
2	Birnen, gewürfelt
200 ml	Weißwein
400 ml	Gemüsebrühe
1 Prise	Muskat
500 ml	Sojasahne
2–4 EL	Sherry (optional)
1	Bund Schnittlauch
	Salz & frischer Pfeffer

* Unser Tipp: Wer mag, kann für dieses Gericht auch ausschließlich Champignons verwenden.

SĒŅU ZUPA

PILZRAHMSUPPE MIT BIRNEN

1 Die Stiele der Champignons abschneiden. 300 g der Champignons und 300 g der Steinpilze im Ganzen in einem Topf ohne Fett scharf anbraten. Danach die Pflanzenmargarine und Zwiebeln zugeben und kurz andünsten. Birnen unterrühren und alles ein paar Minuten garen. Mit Weißwein ablöschen und die Gemüsebrühe angießen. Mit Salz, Pfeffer und Muskat abschmecken.

2 Die Sojasahne unterrühren und die Suppe 5 Min. köcheln lassen. Danach mit einem Stabmixer pürieren, weitere 5 Min. köcheln lassen und mit etwas Sherry abschmecken. Alternativ noch einen Schuss von dem Weißwein zugeben. In einer kleinen Pfanne mit Olivenöl die restlichen Pilze für die Garnierung anbraten. Mit Schnittlauchröllchen anrichten und mit Brot servieren.

Vorbereitung: 15 Min. | Kochzeit: 20 Min. | Portionen: 3–4

JANSSONS FRESTELSE

KARTOFFELAUFLAUF MIT PILZ-ANCHOVIS

1 Die Austernpilze in Streifen schneiden. Aus den restlichen Zutaten für die Pilz-Anchovis eine Marinade mischen und die Pilze darin über Nacht marinieren.

2 Backofen auf 200° C (Umluft) vorheizen. Kartoffeln schälen und in dünne Stifte schneiden. Zwiebeln in 1 EL Pflanzenmargarine glasig dünsten. Eine Auflaufform (oder 4–6 kleine Formen) einfetten und darin Kartoffelstifte, Zwiebeln und Austernpilze mit Kapern abwechselnd schichten und mit etwas Marinade beträufeln. Sahne und Gemüsebrühe verrühren, mit Salz & Pfeffer, Muskat und Dill würzen und die Sauce über den Auflauf gießen. Die Semmelbrösel gleichmäßig darüber streuen und Pflanzenmargarine als Flöckchen darauf verteilen. Auflauf ca. 60 Min. goldbraun backen.

Vorbereitung: 20 Min. / Marinieren: über Nacht | **Backzeit: 60 Min.** | **Portionen: 4–6**

ZUTATEN

Pilz-Anchovis

200 g	Austernpilze
50 g	Kapern
2	Knoblauchzehen, gehackt
80 ml	Kräuteressig
250 ml	Olivenöl
	Salz & frischer Pfeffer

1 kg	Kartoffeln, Stifte
2	Zwiebeln, Ringe
4 EL	Pflanzenmargarine
250 ml	Sojasahne
150 ml	Gemüsebrühe
1	Prise Muskat
2 EL	Dill, getrocknet
	Salz & frischer Pfeffer
100 g	Semmelbrösel

* Janssons Versuchung wird in Schweden mit Knäckebrot und Bier genossen.

VILLA VEGANA
V
Skandinavisch

>>> *Unser Tipp: Die Törtchen können auch ohne Sour Cream zubereitet werden.

LATVIA LATVIJAS REPUBLIKA

SKLANDU RAUŠI

KAROTTENTÖRTCHEN MIT CASHEW-SOUR CREAM

1 **Sour Cream:** Die Cashewkerne mit kochendem Wasser bedecken und 30 Min. einweichen. Danach durch ein Sieb abgießen und mit 100 ml Wasser und restlichen Zutaten im Mixer zu einer Creme pürieren. 1 Std. kaltstellen.

2 **Teig:** Währenddessen Mehl und Wasser in einer Schüssel verrühren. Zwiebelschmalz, Pflanzenmargarine, Salz und Agavendicksaft zugeben und mit den Händen zu einem homogenen Teig kneten. Den Teig halbieren und ca. 5 mm dick ausrollen. Mit einem Ausstecher 10 cm große Kreise ausstechen. Restlichen Teig zur anderen Teighälfte geben und wiederholen. Bei allen Teigkreisen 1,5–2 cm hohe Ränder formen und auffalten. Die Formen mit Sojasahne bestreichen.

3 **Füllung:** Karotten und Kartoffeln in sprudelndem Salzwasser bissfest garen. Abgießen und zusammen mit der Sojasahne und der Pflanzenmargarine zu Brei stampfen. Mit Agavendicksaft, Salz & Pfeffer abschmecken und in die Törtchen füllen. Backofen auf 160°C (Umluft) vorheizen. Törtchen auf ein mit Backpapier ausgelegtes Backblech geben und ca. 25 Min. im Ofen backen. Herausnehmen, je 1–2 EL Sour Cream und ein paar Lauchringe darauf verteilen und weitere 5 Min. backen.

4 **Optional:** Wer mag, kann nach dem Backen knusprig gebratene Räuchertofu-Würfel auf den Törtchen verteilen. Warm oder kalt servieren.

Vorbereitung: 20 Min. | Kochzeit: 20 Min. | Backzeit: 30 Min. | Ergibt 10 Törtchen

ZUTATEN

Sour Cream*

125 g	Cashewkerne
100 ml	Wasser
1 TL	Salz
1 TL	Zitronensaft
1 TL	Apfelessig
½	Knoblauchzehe

Teig

300 g	Roggenmehl
120 ml	Wasser
25 g	Zwiebelschmalz, vegan
25 g	Pflanzenmargarine, Zimmertemperatur
1 EL	Agavendicksaft
2 TL	Salz
2 EL	Sojasahne

Füllung

250 g	Karotten, gewürfelt
200 g	Kartoffeln, gewürfelt
60 ml	Sojasahne
1 EL	Agavendicksaft
2 EL	Pflanzenmargarine
1	Lauchstange, Ringe
150 g	Räuchertofu (optional)
	Salz & frischer Pfeffer

ZUTATEN

1 EL	Pflanzenmargarine
250 g	Karotten, Scheiben
5	Lauchzwiebeln, Ringe
300 g	Kartoffeln, Würfel
1 ½ l	Gemüsebrühe
300 g	Blumenkohl
200 g	grüne Bohnen
150 g	TK-Erbsen
40 g	Pflanzenmargarine
20 g	Mehl
100 ml	Gemüsebrühe
250 ml	Sojasahne
1 TL	Senf
1 EL	Dillspitzen, getrocknet
3 EL	Hefeflocken
4 EL	Zitronensaft
	Salz & frischer Pfeffer

KESÄKEITTO

FINNISCHE SOMMERSUPPE

1 Karotten und Zwiebeln in einem großen Topf mit 1 EL Pflanzenmargarine anschwitzen. Kartoffeln zugeben und ca. 4 Min. mitschwitzen. Die heiße Gemüsebrühe angießen und alles weitere 5 Min. garen lassen. Dann die Blumenkohlröschen und die Bohnen zugeben. Nach 5 Min. die Erbsen unterrühren und alles bei niedriger Hitze gar kochen.

2 In einem zweiten Topf 40 g Pflanzenmargarine schmelzen. Das Mehl unterrühren und kurz anschwitzen. Unter Rühren mit 100 ml heißer Gemüsebrühe ablöschen und die Sahne unterrühren. Senf, getrockneten Dill, Hefeflocken und Zitronensaft zugeben. Die Mehlschwitze in die Suppe geben und alles gut verrühren. Mit Salz & Pfeffer abschmecken.

Vorbereitung: 15 Min. Kochzeit: 30 Min. Portionen: 4–6

FISKEKAKER

FRIKADELLEN MIT APFEL-MEERRETTICH-DIP

1 **Frikadellen:** Kartoffeln schälen und in kochendem Salzwasser gar kochen. Abgießen, abkühlen lassen und grob stampfen. Den Tofu mit den Händen zerbröseln und zugeben. Die Frühlingszwiebeln fein hacken und mit den restlichen Zutaten zum Kartoffelstampf geben. Mit Salz, Pfeffer und Muskat abschmecken. Mit leicht feuchten Händen kleine Mini-Frikadellen formen und in einer Pfanne in heißem Öl von beiden Seiten knusprig braten (optional: für ein optisches Highlight kleine Holzstäbchen in die Frikadellen spießen).

2 **Apfel-Meerrettich-Dip:** Alle Zutaten in einer kleinen Schüssel miteinander verrühren und mit den Frikadellen servieren.

ZUTATEN

800 g	Kartoffeln
300 g	Tofu
2	Frühlingszwiebeln
120 g	Paniermehl
80 g	Mehl
1 EL	Zitronensaft & Schale
100 ml	Sojasahne
1 EL	Sojasauce
2 EL	Dill, getrocknet
3 EL	Hefeflocken
3 EL	Norialgen, gemahlen
1	Prise Muskat
	Salz & frischer Pfeffer
	Öl zum Braten

Apfel-Meerrettich-Dip

1	Apfel, fein gewürfelt
2 TL	Zitronensaft
1 EL	Dill, getrocknet
2 EL	Schnittlauch, Röllchen
60 ml	Sojasahne
200 g	Sojajoghurt
2 TL	Meerrettich
2 TL	Agavendicksaft
	Salz & frischer Pfeffer

Vorbereitung: 15 Min. Kochzeit: 30 Min. Ergibt: ca. 20 Frikadellen

ZUTATEN

2	Zwiebeln
300 g	Karotten
2 EL	Zwiebelschmalz, vegan
2	Knoblauchzehen
500 g	Rote Bete, geschält
2 EL	Tomatenmark
150 ml	Rotwein
400 ml	Gemüsebrühe
6	Nelken
2 TL	Piment
2	Lorbeerblätter
4 TL	Thymian
1 TL	Speisestärke (optional)
	Salz & frischer Pfeffer
500 g	Seitan
4 EL	Olivenöl

>>> *Unser Tipp: Zu diesem Rezept schmecken die Semmelknödel von Seite 183.

KALOPS

ROTE BETE-GULASCH MIT SEITAN

1 Die Zwiebeln in Spalten schneiden, die Karotten längs halbieren und schräg in Stücke schneiden. Beides in Zwiebelschmalz anbraten. Knoblauch hacken und zugeben.
Die Rote Bete würfeln und ein paar Minuten mitdünsten. Nun Tomatenmark hinzufügen und kurz mit anbraten. Mit Rotwein ablöschen und alles gut verrühren. Nun die Gemüsebrühe angießen und Nelken, Lorbeer, Piment und Thymian zugeben und bei geschlossenem Deckel 30 Min. auf kleiner Flamme garen. Deckel abnehmen und weitere 15 Min. garen. Mit Salz & Pfeffer abschmecken und eventuell mit Speisestärke andicken.

2 Seitan in grobe Stücke schneiden und scharf in Olivenöl anbraten. Zum Rote Bete-Gulasch geben und nochmals kurz aufkochen. Mit frischem Thymian garnieren und mit Salzkartoffeln, Kartoffelbrei oder Semmelknödeln* servieren.

Vorbereitung: 10 Min. Kochzeit: 60 Min. Portionen: 4

VILLA VEGANA
Skandinavisch

PYTT I PANNA

BAUERNPFANNE MIT KRÄUTERN

ZUTATEN

800 g	Kartoffeln
2 EL	Olivenöl
500 g	Räuchertofu
2	Zwiebeln
4	Karotten
2 EL	Pflanzenmargarine
½	Zitrone, Abrieb
3 TL	Rauchpaprika
	Salz & frischer Pfeffer

Dressing

2 E	Apfelessig
1 EL	Agavendicksaft
4 EL	Olivenöl
1 EL	Senf
½ EL	Thymian, getrocknet
1 EL	Petersilie, gehackt
1 EL	Dill, gehackt
200 g	Gewürzgurken, gewürfelt

1 Kartoffeln mit Schale in sprudelndem Salzwasser gar kochen. Räuchertofu würfeln. Zwiebeln und Karotten schälen und ebenfalls würfeln. In einer großen Pfanne Olivenöl erhitzen und darin den Räuchertofu mit etwas Salz 3 Min. anbraten, Zwiebeln und Karotten zugeben und weitere 4–5 Min. unter Rühren braten. Kartoffeln, Pflanzenmargarine und Zitronenschale unterrühren und weitere 3–4 Min. braten. Mit Rauchpaprika, Salz & Pfeffer abschmecken und vom Herd nehmen.

2 Alle Zutaten für das Dressing in einer kleinen Schüssel miteinander verrühren und unter die Bauernpfanne rühren. Mit frischem Bauernbrot servieren.

Vorbereitung: 20 Min. Kochzeit: 30 Min. Portionen: 3–4

LABSKAUS

KARTOFFELBREI MIT ROTE BETE-HACK

ZUTATEN

Rollmops Rezept Seite 197

Rote Bete-Hack

120 g	Sojagranulat
3 EL	Olivenöl
150 ml	Gemüsebrühe
1	Zwiebel, gehackt
1	Rote Bete, gegart*
4	Gewürzgurken
2 EL	Dill, gehackt
	Salz & frischer Pfeffer

Kartoffelbrei

400 g	Kartoffeln
2 EL	Sojasahne
2 EL	Pflanzenmargarine
	Salz
	Röstzwiebeln

1 **Rote Bete-Hack:** Das Sojagranulat nach Packungsanweisung zubereiten. Olivenöl in einer Pfanne erhitzen und das Sojagranulat und die gehackte Zwiebel darin anbraten, bis die Zwiebel glasig und das Granulat leicht bräunlich ist. Rote Bete und Gurken jeweils in 0,5–1 cm große Würfel schneiden und zugeben. Ein paar Min. mitbraten und mit Dill, Salz & Pfeffer abschmecken.

2 **Kartoffelbrei:** In der Zwischenzeit die Kartoffeln geschält und zerkleinert in Salzwasser gar kochen. Abgießen und mit Pflanzenmargarine, Sojasahne und etwas Salz stampfen.

3 In einen Servierring zunächst Kartoffelstampf einfüllen und darauf das Rote-Bete-Hack füllen. Mit einem Rollmops anrichten und mit Röstzwiebeln bestreuen.

* *Unser Tipp: Wir haben fertig gegarte Rote Bete genommen.*

Vorbereitung: 15 Min. | Kochzeit: 30 Min. | Portionen: 4

VILLA VEGANA
V
Skandinavisch

>>> * Unser Tipp: Der Nudelsalat schmeckt am besten, wenn er ein paar Stunden durchzieht, bevor man ihn serviert.

ZUTATEN

500 g Nudeln, Fusilli
3 Frühlingszwiebeln
150 g Gewürzgurken
1 Salatgurke
150 g Mayonnaise, vegan (Rezept Seite 168)
150 g Sojajoghurt
2 EL Meerrettich
1 Orange, davon 2 TL Abrieb, 6 EL Saft
1 Bund Dill, gehackt
1 Bund Schnittlauch, gehackt
½ EL Kala Namak
Gurkenwasser
Salz & frischer Pfeffer

PASTASALAD

NUDELSALAT MIT GURKEN & MEERRETTICH

1 Die Nudeln in sprudelndem Salzwasser gar kochen. Danach abgießen, mit kaltem Wasser abschrecken und vollständig abkühlen lassen.

2 Währenddessen Frühlingszwiebeln in feine Ringe schneiden, die Gewürzgurken in Scheiben. Die Salatgurke waschen, der Länge nach halbieren und entkernen – nochmals der Länge nach halbieren und in Stückchen schneiden.

3 In einer großen Schüssel Mayonnaise, Sojajoghurt und Meerrettich verrühren. Den Orangensaft, den Orangenabrieb und die gehackten Kräuter zugeben. Die Nudeln, Zwiebeln und die Gurken unterrühren und alles gut vermischen. Mit Kala Namak, etwas Gurkenwasser und Salz & Pfeffer abschmecken und mindestens 1 Std. im Kühlschrank ziehen lassen.*

Vorbereitung: 20 Min. / Kühlen: 1 Std. Kochzeit: 10 Min. Portionen: 4

ZUTATEN

150 g	Roggenmehl
250 g	Haferflocken
125 g	Mandeln, gehackt
200 g	Sonnenblumenkerne
100 g	Leinsamen
70 g	Kürbiskerne
200 g	Sesamkörner
2 TL	Salz
1 EL	Agavendicksaft
400 ml	Wasser

KNEKKEBRØD

NORWEGISCHES KNUSPERBROT

1 Backofen auf 160° C vorheizen. Die trockenen Zutaten miteinander verrühren. Wasser erhitzen und zu den trockenen Zutaten geben, Agavendicksaft zugeben und alles gut mit den Händen durchkneten. Teig 10 Min. ruhen lassen.

2 Danach auf einem mit Backpapier ausgelegten Backblech verteilen. (Wir haben ein sehr großes Blech, wer einen relativ kleinen Ofen hat, sollte die Zutaten halbieren oder auf 2 Backbleche verteilen). Das ganze 10 Min. backen, herausnehmen und mit dem Pizzaschneider in gleich große Rechtecke schneiden. Wieder in den Ofen geben und 20 Min. backen. Herausnehmen, die Scheiben umdrehen und weitere 20 Min. backen. Ofen auf 120° C herunterdrehen und bei geöffneter Ofentür weitere 10 Min. trocknen lassen. Danach herausnehmen und abkühlen lassen.

* Unser Tipp: Das Knekkebrød hält sich in einer Frischhaltebox mindestens eine Woche.

Vorbereitung: 20 Min. Backzeit: 60 Min. Ergibt 1 großes Blech

HASSELBACK POTATIS

FÄCHERKARTOFFELN MIT KRÄUTERQUARK

1 Kräuterquark: Den Sojajoghurt über Nacht abhängen*. Am nächsten Tag mit den gehackten Kräutern verrühren, mit Salz & Pfeffer abschmecken und danach kaltstellen.

2 Kartoffeln: Backofen auf 200° C vorheizen, Kartoffeln waschen, auf ein Brett legen und fein einschneiden (Achtung – nicht bis ganz unten durchschneiden.) Margarine in einem Topf auf kleiner Flamme schmelzen und mit der Sahne verrühren. Kartoffeln ringsherum gut mit der Flüssigkeit einpinseln – auch in den Zwischenräumen. Danach zusammen mit den Knoblauchzehen in eine gefettete Auflaufform geben und für ca. 45–60 Min. im Ofen backen. Zwischendurch noch mal mit Olivenöl bepinseln. Danach mit Salz bestreuen und mit Kräuterquark servieren.

Vorbereitung: 15 Min. / Abhängen: über Nacht | **Backzeit: 45–60 Min.** | **Portionen: 4**

ZUTATEN

Kräuterquark

800 g	Sojajoghurt
2 EL	Petersilie, gehackt
2 EL	Schnittlauch, gehackt
1 EL	Dill, gehackt
1 EL	Kerbel, gehackt
	Salz & frischer Pfeffer

Kartoffeln

8	Kartoffeln
3 EL	Sojasahne
2 EL	Pflanzenmargarine
3 EL	Olivenöl
4	Knoblauchzehen
	Salz

* Das geht z. B. mit einem Musselin-Tuch, das in ein Sieb ausgelegt und über eine Schüssel gehängt wird).

ZUTATEN

400 g	Rote Bete*
400 g	Kartoffeln, gekocht
250 g	Räuchertofu, gewürfelt
2 TL	Senf
400 g	Sojajoghurt
250 ml	Sojasahne
3 EL	Zitronensaft
4 EL	Gurkenwasser
2 EL	Dill, gehackt
2 EL	Petersilie, gehackt
2–3 EL	Nori-Algen, gemahlen
1	Apfel, gewürfelt
200 g	Gewürzgurken, gewürfelt
1	rote Zwiebel, Ringe
3–4 TL	Kala Namak
	Salz & frischer Pfeffer

>>> * *Unser Tipp: Für dieses Rezept könnt ihr auch fertig gegarte Rote Bete verwenden.*

SALAT ROSSOL

ROTE BETE-SALAT MIT RÄUCHERTOFU

1 Die Rote Bete mit Schale in leicht gesalzenem Wasser 45–60 Min. weich kochen.* Die Kartoffeln mit Schale in sprudelndem Salzwasser bissfest garen. Danach beides abgießen, abkühlen lassen, schälen und würfeln.

2 Den gewürfelten Räuchertofu in einer Pfanne mit Olivenöl und etwas Salz 3–4 Min. anbraten. Abkühlen lassen.

3 Senf, Sojajoghurt, Sojasahne, Zitronensaft, Gurkenwasser, Petersilie, Dill und Nori-Algen in einer großen Schüssel gut miteinander verrühren.

4 Apfelstücke, Gewürzgurken, Zwiebeln, Kartoffeln, Rote Bete und Räuchertofu zugeben und alles vorsichtig miteinander vermengen. Mit Kala Namak, Salz & Pfeffer abschmecken und mit Brot servieren.

Vorbereitung: 15 Min. **Kochzeit: 70 Min.** **Portionen: 4**

VILLA VEGANA
V
ndinavisch

VILLA V
V
Süße Souven

SÜSSE SOUVENIRS

>>> *Die süßesten Versuchungen aus aller Welt*

ZUTATEN

DIE WICHTIGSTEN BASICS

Pflanzen-
milch

Kakao

dunkle
Schokolade

Pflanzenmargarine

Kokosöl

Backpulver
Nüsse
Mehl
Vanille
Kokosflocken
Rohrzucker
Zimt

VILLA VEGANA

VILLA VEGANA
V

VILLA VEGANA
V
Süße Souvenirs

COCONUT-CAKE-POPS

KOKOS-KÜCHLEIN AM STIEL

ZUTATEN

Teig

125 g	Pflanzenmargarine
100 g	Zucker
125 g	Mehl
1 TL	Backpulver
1 TL	Bourbon-Vanille
1	Prise Salz
2 EL	Stärke

Frosting

40 g	Pflanzenmargarine
80 g	veganer Frischkäse, z. B. Tofutti Creamy Smooth
80 g	Puderzucker
2 EL	Kokosmilch
60 g	Kokosraspel

Dekor

150 g	vegane Kuvertüre, weiß
150 g	vegane Kuvertüre, dunkel
50 g	Kokosraspel
50 g	Schokostreusel

20–25 Lolli-Stiele oder Holzspieße
Styroporblock zum Trocknen

1 **Teig:** Backofen auf 180°C (Umluft) vorheizen. Pflanzenmargarine (Zimmertemperatur) und Zucker mit einem Handrührgerät ca. 5 Min. cremig schlagen. Mehl, Backpulver, Vanille, Salz und Stärke in einer zweiten Schüssel verrühren und zu der Margarine-Zucker-Mischung sieben und gut verrühren. Eine Springform einfetten, den Teig einfüllen und ca. 30 Min. backen. Kuchen etwas abkühlen lassen, aus der Form nehmen und auf einem Kuchengitter vollständig auskühlen lassen.

2 **Frosting:** Die Pflanzenmargarine und den veganen Frischkäse mit einem Handrührgerät cremig schlagen. Die restlichen Zutaten zugeben und glatt rühren.

3 Den Kuchen fein in eine Rührschüssel bröseln. (Die harten Stellen abschneiden) und mit dem Frosting vermengen. Etwas Backpapier auf einen Teller geben und aus der Kuchenmasse ca. 20–25 Kugeln formen. Diese auf den Teller geben und für 1 Std. kaltstellen.

4 **Dekor:** Kuvertüre in 2 Wasserbädern schmelzen. Einen Lolli-Stiel oder Holzspieß fingerbreit in die Schoki tauchen und kurz antrocknen lassen. Ein Schälchen mit Kokosraspeln und eins mit Schokostreuseln bereitstellen. Danach die Kugeln aufspießen und nacheinander in die Kuvertüre tauchen, bis sie vollständig bedeckt sind. Die Cake-Pop-Kugel nach unten geneigt etwas hin und her drehen, bis die überschüssige Kuvertüre abgetropft ist. Sofort beliebig in die Kokosraspel oder Schokostreusel tauchen und danach in den Styroporblock spießen, bis sie vollständig getrocknet sind.

Vorbereitung: 45 Min. / Ruhen: 2 Std. | **Backzeit: 30 Min.** | **Ergibt 20–25 Stück**

CHOKLADBOLLAR

UMMANTELTE SCHOKOBÄLLCHEN

ZUTATEN

160 g	Haferflocken, feinblatt
125 g	Zucker
150 g	Pflanzenmargarine, weich
40 g	Kakaopulver
1 TL	Bourbon-Vanille
2 EL	Espresso, kalt

Dekor

Kokosflocken
Kakaopulver

1 Haferflocken, Zucker, Pflanzenmargarine, Kakaopulver und Vanille in eine mittelgroße Schüssel geben. Den Espresso zugeben und alles mit den Händen zu einer homogenen Masse kneten.

2 Einen tiefen Teller mit Kokosflocken und einen mit Kakaopulver vorbereiten. Mit leicht angefeuchteten Händen ca. 20–25 Bällchen formen und diese abwechselnd in Kakao oder Kokosflocken wälzen. Die Kugeln ca. 2 Std. kaltstellen und dann servieren.

Vorbereitung: 15 Min. / Kaltstellen: 2 Std.

Ergibt 20–25 Stück

MOUSSE AU CHOLOLAT

MIT HIMBEERSAUCE

1 Die Sojasahne in einer Rührschüssel mit einem Handrührgerät 5 Min. aufschlagen. Das Sahnefest nach und nach zugeben. Sojajoghurt und Puderzucker ebenfalls nach und nach zugeben und 5 Min. weiter schlagen. Mindestens 1 Std. kaltstellen.

2 Die Schokolade im Wasserbad schmelzen, Espresso (und Rum) zugeben und verrühren. Vorsichtig unter die Joghurt-Sahne-Creme heben und weitere 4 Std. kaltstellen.

3 In einem Topf Zucker und O-Saft aufkochen. Himbeeren und Vanille zugeben und 5 Min. köcheln lassen. Hafersahne unterrühren und alles durch ein Sieb streichen, um die Himbeerkörner zu entfernen. Die abgekühlte Sauce mit Mousse-Nocken und Dekor anrichten und servieren.

Vorbereitung: 30 Min. / Kaltstellen: 3 Std. **Portionen: 4–6**

ZUTATEN

200 ml Soja-Schlagsahne, gekühlt
1 Pk. Sahnefest
80 g Puderzucker
200 g Sojajoghurt
200 g dunkle Schokolade
50 ml Espresso, kalt
2 EL Rum (optional)

Himbeersauce
40 g Zucker
100 ml Orangensaft
200 g Himbeeren
1 TL Bourbon-Vanille
50 ml Hafersahne

Dekor
4 EL Mandelsplitter
4 EL Schokosplitter

ZUTATEN

600 g	Sojajoghurt
70 g	Agavendicksaft
0,1 g	Safran
3 EL	Sojamilch
1 TL	Kardamom
Prise	Muskat
1 TL	Rosenwasser (optional)

Sauce

1	Mango
1 EL	Zitronensaft

Dekor

30 g	Pistazien, geschält
0,1 g	Safranfäden (optional)

>>> * Unser Tipp: Wer öfter Joghurt abhängen möchte, dem empfehlen wir, sich ein spezielles Stoffsieb zuzulegen – das lohnt sich!

SAFRAN SHRIKHAND

QUARKSPEISE MIT MANGOSAUCE & PISTAZIEN

1 Den Sojajoghurt über Nacht im Kühlschrank abhängen. (Das geht z. B. mit einem Musselin-Tuch, das in ein Sieb ausgelegt und über eine Schüssel gehängt wird).*

2 In einem kleinen Topf die Sojamilch erwärmen und darin den Safran auflösen. Die Safranmilch und den Agavendicksaft mit dem abgehangenen Joghurt verrühren. Kardamom, Muskat und Rosenwasser zugeben und alles gut miteinander verrühren.

3 Die Mango schälen, grob würfeln und zusammen mit dem Zitronensaft in einer Küchenmaschine fein pürieren.

4 Ein paar Löffel der Quarkspeise auf Dessertgläser verteilen und dann abwechselnd mit der Mangosauce schichten. Mit Pistazienkernen und (optional) Safranfäden anrichten. Am besten kalt servieren.

Vorbereitung: 15 Min. / Abhängen: über Nacht

Portionen: 4–6

VILLA VEGANA
V
Souvenirs

ZUTATEN

2	Bio-Orangen
200 g	Rohrzucker
½	Zitrone, Saft
1 Prise	Salz
1 Pk.	Vanillezucker
200 g	Haselnüsse, gemahlen
50 g	Mandeln, gemahlen
2 TL	Backpulver
50 g	Dinkelmehl
6 EL	Aprikosenmarmelade

Kuvertüre

150 g	dunkle Schokolade
150 ml	Kokossahne

Dekor (optional)
Mandelkrokant
Schokosauce, vegan

ORANGENKUCHEN

AUS NÜSSEN & GANZEN ORANGEN

1 Die ganzen Orangen in einem Topf mit Wasser 1 Std. köcheln lassen. Danach abgießen, etwas abkühlen lassen, halbieren und die Kerne entfernen. Orangen (mit Schale), Zucker, Zitronensaft und Salz in eine Rührschüssel geben und mit einem Stabmixer zu einem Brei verarbeiten. Vanillezucker, Nüsse, Backpulver und Mehl unterrühren. Den Teig in eine gefettete, mit etwas Mehl bestäubte Springform geben und glatt streichen. Kuchen für 60 Min. bei 160° C (Umluft) im vorgeheizten Ofen backen.

2 Nach dem Backen vollständig abkühlen lassen. Danach die Aprikosenmarmelade gleichmäßig auf dem Kuchen verteilen. Die Kokossahne in einem Topf erhitzen und darin die Schokolade schmelzen. Sofort auf dem Kuchen verteilen und 1 Std. kaltstellen. Mit Mandelkrokant bestreuen und mit Schokosauce servieren.

Vorbereitung: 10 Min. | **Kochzeit: 1 Std.** | **Backzeit: 1 Std.** | **Ergibt 1 Kuchen**

BAKLAVA

MIT KANDIERTEN ORANGEN

1 Alle Zutaten für die kandierten Orangen (außer den Orangen) in einen Topf geben und unter Rühren 5 Min. köcheln lassen. Die Orangen in dünne Spalten schneiden und in den Sirup geben. 2 Std. ziehen lassen.

2 Backofen auf 200° C (Umluft) vorheizen. Blätterteig auftauen lassen und ausrollen. Pflanzenmargarine in einem kleinen Topf schmelzen und mit einem Pinsel auf dem Blätterteig verteilen. Die gehackten Nüsse in einer kleinen Schale mit Agavendicksaft, Zitronensaft und Zimt verrühren. Am äußeren Blätterteigrand der Länge nach verteilen, zusammenrollen und in ca. 4 cm breite Röllchen schneiden.

3 Ca. 20–25 Min. backen. Auf Tellern verteilen und mit kandierten Orangen und Sirup anrichten.*

Vorbereitung: 20 Min. / Ziehen: 2 Std. | Backzeit: 25 Min. / Kochzeit: 5 Min. | Portionen: 4

ZUTATEN

Kandierte Orangen

300 g	Zucker
1	Zimtstange
2	Anissterne
2	Nelken
300 ml	Wasser
3 TL	Rosenwasser
1 TL	Kardamompulver
2	Orangen

Baklava

1 Pk.	Blätterteig (230 g), vegan
25 g	Pflanzenmargarine
100 g	Walnüsse, gehackt
50 g	Mandeln, gehackt
50 g	Haselnüsse, gehackt
2 EL	Agavendicksaft
2 EL	Zitronensaft
1 TL	Zimtpulver

* *Unser Tipp: Schmeckt am Besten direkt aus dem Ofen.*

VILLA VEGANA
V
Süße Souvenirs

>>> * In Indien wird Laddoo zu Ehren Ganeshas, dem Gott mit dem Elefantenkopf zubereitet. Er steht für Stärke und Weisheit.

LADDOO

KICHERERBSENKONFEKT MIT NÜSSEN & KOKOS

ZUTATEN

300 g	Pflanzenmargarine
350 g	Kichererbsenmehl
150 g	Puderzucker
50 g	Mandeln, gemahlen
25 g	Cashewkerne, fein gehackt
25 g	Rosinen
25 g	Kokosraspel
2 TL	Kardamom, gemahlen
2 TL	Ingwer, gemahlen
1	Orange, Abrieb
200 g	Weizen-Grieß
250 ml	Sojamilch

Dekor
Kokosraspel

1 Pflanzenmargarine in einer großen, hohen Pfanne bei niedriger Flamme schmelzen. Das Kichererbsenmehl zugeben und mit einem Holzlöffel sorgfältig mit dem Fett vermengen. Die Masse bei mittlerer Hitze unter ständigem Rühren ca. 15 Min. rösten, bis das Mehl einen nussigen Duft verströmt. Puderzucker zufügen und unter Rühren einige Min. weiterrösten, bis die Masse goldgelb und geschmeidig ist.

2 Nüsse und Rosinen zusammen mit den Kokosraspeln, Kardamom, Ingwer und geriebener Orangenschale in einer Pfanne mit 1 EL Pflanzenmargarine 2–3 Min. anrösten und unter die Kichererbsenmehl-Masse mischen.

3 Den Grieß in einem Topf mit warmer Sojamilch aufkochen, danach zum Teig geben und alles gut miteinander vermengen.

4 Den Teig etwas abkühlen lassen und mit angefeuchteten Händen walnussgroße Bällchen daraus formen. Anschließend sofort in Kokosraspeln wälzen. Vor dem Servieren für 2 Std. im Kühlschrank kaltstellen.

Vorbereitung: 15 Min. / Kaltstellen: 2 Std. Kochzeit: 30 Min. Portionen: 4

ZUTATEN

Teig

- 280 g Mehl
- 150 g Zucker
- 2 TL Backpulver
- 1 EL Maisstärke
- 50 g Agavendicksaft
- 2 Zitronen, Abrieb & Saft
- 150 g Sojajoghurt
- 50 ml Sonnenblumenöl

Topping

- 150 g Haferflocken
- 70 g Rohrzucker
- 1 TL Bourbon-Vanille
- 40 g Kokosöl

ZITRONENKUCHEN

MIT KNUSPERKRUSTE

1 Backofen auf 180° C (Umluft) vorheizen. Mehl, Zucker, Backpulver und Stärke in einer Schüssel miteinander verrühren. Agavendicksaft, Zitronenabrieb und Saft sowie Sojajoghurt und Öl zugeben und alles gut miteinander verrühren. Teig in eine gefettete Springform geben und glatt streichen.

2 Haferflocken, Zucker, Vanille und Kokosöl in einer Schüssel mit einem Holzlöffel verrühren. Die Masse gleichmäßig auf dem Kuchenteig verteilen und diesen 40 Min. auf mittlerer Schiene backen.

Vorbereitung: 20 Min. | Backzeit: 40 Min. | Ergibt 1 Kuchen

INDISCHER NOUGAT

AUS HASELNÜSSEN & MANDELN

1 Die Nüsse wahlweise ganz fein oder etwas gröber mahlen. Eine große Pfanne ohne Fett erhitzen und die Nüsse darin 2–3 Min. anrösten, bis ein feines Nußaroma entsteht. Zucker, Sahne und Salz zugeben und unter ständigem Rühren 15 Min. auf kleiner Flamme rösten, bis die Flüssigkeit vollständig verdampft ist. Die Masse in eine flache Form geben und ca. 3 Std. (oder über Nacht) kaltstellen.

2 Nach der Kühlzeit mit leicht angefeuchteten Händen kleine Kugeln formen (ca. 3–4 cm Ø). Die Nougat-Pralinen können entweder ohne Dekor serviert oder wahlweise in Mandelkrokant oder in Kokosflocken gewälzt und mit Nüssen verziert werden. Danach in Pralinenpapier setzen, servieren oder bis zum Servieren kühl lagern.

Vorbereitung: 20 Min. / Kaltstellen: 3 Std. | Kochzeit: 15 Min. | Ergibt 25–30 Stück

ZUTATEN

100 g	Haselnüsse, gemahlen
50 g	Mandeln, gemahlen
200 g	Rohrzucker
300 ml	Sojasahne
1	Prise Salz

Dekor (wahlweise)
Mandeln
Pistazien
Mandelkrokant
Kokosflocken

30 x Pralinenpapier

* Unser Tipp: Die Nougat-Pralinen sehen auch ohne Dekor köstlich aus oder man mischt sie nach Lust und Laune.

ZUTATEN

Boden

100 g	Pflanzenmargarine, Zimmertemperatur
100 g	Zucker
1	Prise Salz
1 Pk.	Vanillezucker
200 ml	Sojamilch
2 TL	Stärke
150 g	Mehl
2 TL	Backpulver

Creme

300 ml	Soja-Schlagsahne, gekühlt
1 EL	Kokosöl
1 Pk.	Sahnesteif
2 g	Agar Agar
220 g	Tofutti Sour Creme*
80 g	Kokosmus
4 EL	Mandelmus
40 g	Puderzucker
5	Mandeln
100 g	Kokosraspel

Silikonformen Halbkugel (8 cm Ø)
Ausstechform rund (8 cm Ø)
24er-Springform

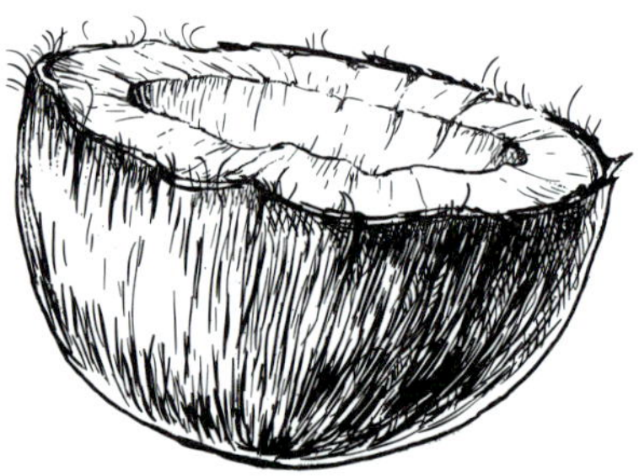

>>> * Unser Tipp: Alternativ kann man auch 400 g Sojajoghurt nehmen und diesen über Nacht abhängen.

KOKOSTÖRTCHEN

MIT SAHNECREME-FÜLLUNG

1 **Teig:** Backofen auf 180° C (Umluft) vorheizen. Pflanzenmargarine, Zucker, Salz, Vanillezucker, Stärke und Sojamilch mit einem Handrührgerät gut verrühren. Mehl und Backpulver unterrühren. Die Springform mit Backpapier auslegen oder gut einfetten. Teig einfüllen, glatt streichen und 20 Min. backen. Danach Kuchen vom Springformrand lösen, herausnehmen und auf einem Gitter abkühlen lassen. Mit der Ausstechform 5 Kreise aus dem Teig stechen.

2 **Creme:** 3 EL der Schlagsahne sowie Kokosöl und Agar Agar in einem Topf verrühren und aufkochen lassen. 2 Min. bei niedriger Flamme unter Rühren köcheln lassen. Kokosmus zugeben und gut verrühren. Vom Herd nehmen und etwas abkühlen lassen. Danach mit Tofutti und Puderzucker verrühren (mit einem Handrührgerät). Die restliche Schlagsahne mit Sahnesteif aufschlagen und die Hälfte unter die Creme heben. Die andere Hälfte kaltstellen.

3 Die Silikonformen mit Frischhaltefolie auslegen und die Creme auf die 5 Formen verteilen. Je eine Mandel in die Mitte geben und je einen der Teigböden draufgeben und vorsichtig etwas andrücken. Die Formen 4 Std. kaltstellen.

4 Nach der Kühlzeit Formen vorsichtig auf ein Brett stürzen und die Frischhaltefolie vorsichtig abziehen. Die Törtchen mit der restlichen aufgeschlagenen Sahne bestreichen und mit Kokosraspeln bestreuen.

Vorbereitung: 40 Min. / Kaltstellen: 4 Std. | **Backzeit: 20 Min.** | **Ergibt 5 Törtchen**

VILLA VEGANA
V
Süße Souvenirs

ZUTATEN

Teig
- 120 ml Wasser
- 200 g Zucker
- 1 Pk. Vanillezucker
- 225 g vegane Kekse, gemahlen
- 100 g Mandeln, fein gemahlen
- 120 g Haselnüsse, fein gemahlen
- 125 g Pflanzenmargarine
- 100 g Zartbitter-Schokolade
- 1 EL Rum (optional)

Glasur
- 50ml Sojasahne
- 25 ml Espresso, kalt
- 120 g Zartbitter-Schokolade
- 2 EL Rum

BAJADERA

NUSS-NOUGATSCHNITTEN

1 Wasser, Zucker und Vanillezucker in einem Topf auf niedriger Flamme erhitzen, bis der Zucker sich aufgelöst hat. Pflanzenmargarine zugeben und verrühren. Die Nüsse und die gemahlenen Kekse unterrühren. Die Hälfte der Masse in eine Schüssel geben. Die Schokolade im Wasserbad schmelzen und zu der Hälfte der Masse geben und gut verrühren. Eine ca 15 x 20 cm große Form nehmen und mit Frischhaltefolie auslegen. Schoko-Teig hineingeben und glatt streichen. Danach den hellen Teig darauf verteilen und glatt streichen.

2 Sojasahne in einem kleinen Topf erhitzen. Schokolade zugeben und schmelzen lassen. Vom Herd nehmen und Espresso und Rum unterrühren. Glasur gleichmäßig auf dem hellen Teig verteilen. 6 Std. kaltstellen. Danach in kleine Quadrate schneiden und servieren.

>>> * *Unser Tipp: Am besten nur kleine Portionen servieren, da diese Leckerei sehr sättigend ist.*

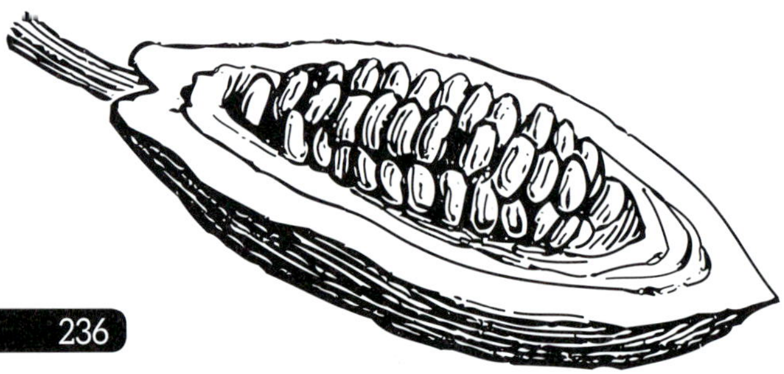

Vorbereitung: 40 Min. / Kaltstellen: 6 Std. Portionen: 8–10

ROTWEIN-TRÜFFEL

IM KAKAOMANTEL

1 Die Schokolade grob hacken, in eine feuerfeste Schüssel geben und im Wasserbad schmelzen. Sobald sie geschmolzen ist, die Nuss-Nougat-Creme unterrühren und die Schüssel vom Herd nehmen. Rotwein und Cognac zugeben und alles mit einem Schneebesen solange miteinander verrühren, bis eine homogene Masse entstanden ist.

2 Die Schüssel mit Frischhaltefolie abdecken und über Nacht im Kühlschrank kaltstellen.

3 Am nächsten Tag die Masse mit den Händen zu ca. 20 Bällchen formen. Diese rundherum in Kakao wälzen und dann auf Pralinenpapier setzen. Im Kühlschrank lagern.

ZUTATEN

Trüffel

200 g	Zartbitter-Schokolade
1 EL	Nuss-Nougat Creme
80 ml	Rotwein
1 EL	Cognac (optional)

Dekor

25 g	Kakaopulver
20 x	Pralinenpapier

VILLA VEGANA
V
Dessert-Spezial

* Unser Tipp: Die Trüffel sind im Kühlschrank bis zu einer Woche haltbar.

Vorbereitung: 10 Min. / Kaltstellen: über Nacht — Kochzeit: 5 Min. — Ergibt ca 20 Stück

VILLA VEGANA
V
Süße Souvenirs

>>> * Unser Tipp: Wer das Rezept etwas vereinfachen möchte, kann den Halva auch mit nur mit etwas Joghurt und Zimt servieren.

GRIESS-HALVA

MIT FEIGEN & KARAMELLISIERTEN WALNÜSSEN*

ZUTATEN

Grieß-Halva

50 g	Pflanzenmargarine
60 g	Walnüsse, gemahlen
130 g	Hartweizen-Grieß
40 g	Agavendicksaft
1	Zitrone, Abrieb
1	Prise Salz
500 ml	Soja- oder Mandelmilch

Rosen-Creme

400 g	Sojajoghurt
2 TL	Rosenwasser
½ TL	Zimt
½ TL	Kardamom, gemahlen
4 TL	Agavendicksaft
1 TL	Zitronensaft

Feigen und Walnüsse

6	Feigen, halbiert
1 EL	Agavendicksaft
1 TL	Pflanzenmargarine
3 TL	Rohrzucker
120 g	Walnüsse

1 **Grieß-Halva:** Die Margarine in einem kleinen Topf erhitzen, die Walnüsse und den Grieß kurz darin anrösten, den Agavendicksaft zugeben und leicht karamellisieren lassen. Den Zitronenabrieb und das Salz zugeben, den Topf vom Herd nehmen und die Pflanzenmilch kräftig mit einem Schneebesen einrühren. Das Ganze dann auf niedriger Flamme 1–2 Min. köcheln lassen. Vom Herd nehmen und den Grieß ausquellen lassen. Eine Form mit ca. 800 ml Inhalt mit Klarsichtfolie auslegen, die Masse hinein füllen und glatt streichen. Für ca. 3 Std. im Kühlschrank kaltstellen.

2 **Rosen-Creme:** Währenddessen den Sojajoghurt ca. 2 Std. abhängen und anschließend mit den restlichen Zutaten für die Rosen-Creme verrühren.

3 **Feigen & Walnüsse:** Ofen auf 180 °C vorheizen, die Feigen auf ein mit Backpapier ausgelegtes Blech mit der Schnittfläche nach oben legen, mit Agavendicksaft beträufeln und dann für ca. 15 Min. in den Ofen geben. Währenddessen die Pflanzenmargarine in einer Pfanne schmelzen, den Zucker zugeben und kräftig rühren, bis das Ganze anfängt, zu karamellisieren. Die Walnüsse mit dem Karamell verrühren, aus der Pfanne nehmen und einzeln zum Abkühlen auf ein Backpapier legen.

4 Nun den Halva vorsichtig auf ein Brett stürzen und in kleine (ca. 3–4 cm) Quadrate schneiden. Je ein Stück Halva mit einer Feigenhälfte, etwas Rosen-Creme und einer Walnuss anrichten.

Vorbereitung: 15 Min. / Wartezeit: 2 Std. | Backzeit: 15 Min. / Kochzeit: 10 Min. | Portionen: 4–6

ZUTATEN

Teig

120 ml	Wasser, lauwarm
120 ml	Sojamilch, lauwarm
12,5 g	Hefe
1 Pk.	Vanillezucker
2 EL	Pflanzenöl
350 g	Mehl
1	Prise Salz
	Öl zum Frittieren

Dekor

Puderzucker
Agavendicksaft

*Unser Tipp: Die Sopapillas schmecken am besten, wenn sie noch warm serviert werden.

SOPAPILLAS

MEXIKANISCHE MINI-KRAPFEN

1 Wasser und Sojamilch erwärmen und verrühren. Hefe, Zucker und Pflanzenöl unterrühren und 10 Min. ruhen lassen. Salz zugeben und mit einem Handmixer mit Knethaken das Mehl unterrühren.

2 Eine kleine Pfanne bis zur Hälfte mit Öl füllen und sehr hoch erhitzen. Mit bemehlten Händen ca. 3 kleine Stückchen vom Teig zupfen und diese vorsichtig in das heiße Öl gleiten lassen. Ca. 1–2 Min. frittieren und danach mit einem Pfannenwender umdrehen und 1–2 weitere Min. goldgelb frittieren. Auf Küchenpapier abtropfen lassen und die restlichen Teigteile frittieren.

3 Auf Tellern anrichten und mit Puderzucker und Agavendicksaft dekorieren und versüßen.

Vorbereitung: 40 Min. / Ruhen: 10 Min. Kochzeit: 10 Min. Ergibt 10 Stück

ORANGEN MUFFINS

MIT SCHOKOLADE

1 Backofen auf 180° C (Umluft) vorheizen. Mehl, Backpulver, Natron und Salz in einer mittelgroßen Schüssel vermischen. Beiseitestellen. Eiersatz-Pulver mit 2 EL Wasser verrühren und zusammen mit dem Zucker und Orangenabrieb in einer zweiten Schüssel mischen. Die Margarine zugeben und alles mit einem Handrührgerät etwa 2 Min. rühren. "Frischkäse", Orangensaft, Vanille und Cointreau zugeben und weiterrühren, bis eine glatte Masse entsteht.

2 Die beiseitegestellte Backmischung mit den trockenen Zutaten sowie die Schoko-Drops zur "Frischkäse"-Masse geben und alles gut miteinander vermengen. Den Teig gleichmäßig auf 12 Muffin-Schälchen verteilen und etwa 18–20 Min. auf mittlerer Schiene backen.

ZUTATEN

240 g	Mehl
½ TL	Backpulver
½ TL	Natron
½ TL	Salz
1 EL	Eiersatz-Pulver
2 EL	Wasser
225 g	Zucker
1	Orange, Abrieb
115 g	Pflanzenmargarine, Zimmertemperatur
225 g	Veganer Frischkäse* (z. B. Tofutti Creamy Smooth)
1 TL	Orangensaft
1 TL	Vanille-Extrakt
3 EL	Cointreau (Optional)
225 g	vegane Schoko-Drops oder gehackte dunkle Schokolade

Vorbereitung: 15 Min. Backzeit: 20 Min. Ergibt 12 Muffins

ZUTATEN

Boden

260 g	Dinkelmehl
130 g	Pflanzenmargarine, Zimmertemperatur
120 g	Rohrzucker
2 TL	Backpulver
50 ml	Sojamilch
4 EL	Kakao
Prise	Salz

Belag

800 g	Sojajoghurt (abgetropft)
2 Pk.	Vanillepudding-Pulver
200 g	Pflanzenmargarine, Zimmertemperatur
6 EL	Rohrzucker
2 EL	Zitronensaft
350 g	Schattenmorellen (Glas)

>>> * Unser Tipp: Der Kuchen kann auch ohne Schattenmorellen zubereitet werden.

RUSSISCHER ZUPFKUCHEN

MIT SCHATTENMORELLEN

1 Den Sojajoghurt ca. 2 Std. abtropfen lassen.

2 **Boden:** Die Zutaten für den Boden mit dem Handrührgerät zu einem homogenen Teig verrühren. Ca. 130 g des Teiges beiseite stellen. Eine Springform fetten und mit Mehl besprenkeln. Den restlichen Teig darin verteilen und dabei einen ca. 6 cm hohen Rand formen, alles gut andrücken und den Teig für ca. 1 Std. im Kühlschrank ruhen lassen.

3 **Belag:** Die Zutaten für den Belag mit dem Schneebesen verrühren, die Sauerkirschen gut abtropfen lassen, unter den Belag rühren und alles auf dem Boden verteilen. Den beiseite gestellten Teig "zupfen" und Fleckenweise auf dem Belag verteilen.

4 Den Kuchen bei 160° C ca. 55 Min. backen. Danach zuerst im Ofen abkühlen lassen, anschließend herausnehmen und vollständig abkühlen lassen.

Vorbereitung: 15 Min. / Wartezeit: 2 Std. Backzeit: 55 Min. Ergibt 1 Kuchen

VILLA VEGANA
V
Souvenirs

VILLA VEGANA
V
Süße Souvenirs

>>> * Unser Tipp: Für ein optisches Highlight die Gläser mithilfe eines Pappkartons schräg stellen und die Flüssigkeit einfüllen.

KOKOS-PANNACOTTA

MIT MARACUJA-PASSIONFRUIT-SAUCE

ZUTATEN

Pannacotta

400 ml	Kokosmilch
100 ml	Kokossahne
30 g	Rohrzucker
1	Vanilleschote
1	Limette, Abrieb & Saft
2 g	Agar Agar

Frucht-Sauce

200 ml	Orangensaft
2 TL	Speisestärke
2 EL	Rohrzucker
3	Passionsfrüchte
1	Maracuja

1 **Pannacotta:** Die Kokosmilch in einen kleinen Topf geben, mit der Kokossahne und 1 EL Limettensaft verrühren. Agar Agar und Rohrzucker unterrühren, das Mark aus der Vanilleschote kratzen und ebenfalls zugeben. Alles unter Rühren aufkochen lassen. Die Hitze reduzieren und unter ständigem Rühren ca. 5 Min. weiterköcheln lassen. Zum Schluss den Limettenabrieb unterrühren und alles etwas abkühlen lassen. In Dessertgläser füllen* und für zwei Std. im Kühlschrank kaltstellen.

2 **Sauce:** Die Speisestärke mit 2 EL Orangensaft verrühren. Den restlichen Saft mit dem Zucker in einem kleinen Topf aufkochen. Die aufgelöste Speisestärke zufügen und alles etwas einkochen lassen. Von der Kochstelle nehmen. Die Passionsfrüchte und die Maracuja halbieren, das Innere mit einem Löffel auskratzen und in die Sauce geben. Abkühlen lassen und kaltstellen. Vor dem Servieren die Pannacotta mit der Sauce anrichten.

Vorbereitung: 10 Min. / Kaltstellen: 2 Std. | Kochzeit: 15 Min. | Portionen: 4

PFEFFER-BROWNIE

MIT SAFRAN-ÄPFELN

ZUTATEN

300 g	Zartbitter-Schokolade
250 g	Mehl
80 g	Kakaopulver
250 g	Zucker
1 TL	Backpulver
2 TL	Ras el-Hanout*
2 TL	Pfeffer, frisch gemahlen
1 TL	Bourbon-Vanille
1	Prise Salz
60 ml	Sonnenblumenöl
120 ml	Mandelmilch
120 ml	Wasser
150 g	Apfelmus
1	Zitrone, Abrieb

Safran-Äpfel

6	Äpfel, geschält & gewürfelt
0,1 g	Safran
5 EL	Rohrzucker
100 ml	Weißwein
150 ml	Apfelsaft
2 EL	Stärke
1	Bund Minze

1 Backofen auf 180°C (Umluft) vorheizen. 250 g der Schokolade im Wasserbad schmelzen. Mehl und Kakaopulver in eine Schüssel sieben. Zucker, Backpulver und Gewürze zugeben. Sonnenblumenöl, Mandelmilch, Wasser und Apfelmus unterrühren. Anschließend die geschmolzene Schokolade und den Zitronenabrieb zugeben. Die restliche Schokolade grob hacken und unterrühren. Teig in eine gefettete Backform geben und ca. 30 Min. backen.

2 Zucker, Weißwein, Apfelsaft und Safran zu einem Sud aufkochen. Apfelwürfel zugeben und bei geschlossenem Deckel weich dünsten. Die Stärke mit 4 EL Wasser verrühren, untermischen und kurz aufkochen lassen. Die Äpfel mit dem Brownie anrichten und mit Minze verzieren.

* Ras el-Hanout ist eine typisch marokkanische Gewürzmischung, die bis zu 25 orientalische Zutaten vereint.

Vorbereitung: 15 Min. Backzeit: 30 Min. Kochzeit: 10 Min. Ergibt ca. 12 Stück

TRÜFFEL-PRALINEN

MIT CREMIGER KOKOS-SCHOKOFÜLLUNG

1 **Füllung:** Schokolade fein hacken und mit Pflanzenmargarine in eine hitzebeständige Schüssel geben. Kokosmilch aufkochen und über die Schokolade gießen. 2 Min. warten und danach alles gut verrühren. Creme abkühlen lassen und über Nacht kaltstellen.

2 Aus der Masse ca. 20 kugelförmige Bällchen formen. Diese auf einen Teller mit Backpapier geben und 10 Min. kaltstellen, danach zu schönen, runden Kugeln formen und wieder kaltstellen.

3 Schokolade im Wasserbad schmelzen und Kokosöl einrühren. Vom Herd nehmen und nacheinander Kugeln in die Schokolade tauchen, beliebig dekorieren und wieder auf das Backpapier geben. Kaltstellen bis sie komplett getrocknet sind.

Vorbereitung: 20 Min. / Kaltstellen: über Nacht

Kochzeit: 10 Min.

Ergibt ca. 20 Pralinen

ZUTATEN

Füllung
250 g Zartbitter-Schokolade
1 EL Pflanzenmargarine
125 ml Kokosmilch

Mantel
170 g Zartbitter-Schokolade
1 TL Kokosöl

Dekor (optional)
Schokostreusel
Mimosen
Mandelkrokant

VILLA VEGANA
V
Dessert-Spezial

Unser Tipp: Als Variante kann man die Füllung auch mit einer Prise Ingwer- oder Chilipulver anrühren.

ZUTATEN

30 g	Pflanzenmargarine
1 TL	Apfel-Essig
250 ml	Sojamilch
130 g	Mehl
Prise	Salz
½ TL	Natron
1 TL	Backpulver
3 EL	Apfelmus
200 g	Rohrzucker
2 EL	Aprikosenmarmelade

Sauce

125 ml	Sojasahne
60 g	Pflanzenmargarine
50 g	Rohrzucker
50 ml	Orangensaft
10 ml	Sherry

Dekor

3	frische Aprikosen
1	Bund Minze, frisch
etwas	Aprikosenmarmelade

>>> * Unser Tipp: Wer eine alkoholfreie Version bevorzugt, lässt einfach den Sherry weg und nimmt stattdessen 10 ml mehr Orangensaft.

MALVA POEDING

PUDDINGKUCHEN MIT ORANGENSAUCE

1 Backofen auf 180° C (Umluft) vorheizen. Pflanzenmargarine, Essig und Sojamilch in einen Topf geben und erwärmen, bis die Butter geschmolzen ist.

2 Mehl, Salz, Natron und Backpulver in einer Schüssel verrühren. Apfelmus, Zucker und Aprikosenmarmelade in eine zweite Schüssel geben und die Sojamilch-Mischung unterrühren. Das Ganze zur Mehlmischung geben und alles gut verrühren. Entweder eine kleine Springform einfetten oder (wie wir) halbrunde Silikonformen verwenden. Den Teig einfüllen und ca. 50 Min. backen.

3 Kurz vor Ende der Backzeit die Zutaten für die Sauce in einem kleinen Topf verrühren und kurz aufkochen lassen. Sobald der Kuchen bzw. die Küchlein fertig sind, aus dem Ofen nehmen und mit einer Gabel mehrfach hineinpieksen. Sofort die Sauce daraufgeben und ca. 30 Min. ruhen lassen.

4 Falls ihr die Kuchenform gewählt habt den Kuchen in Stückchen schneiden. Den Teller mit Kuchen, Aprikosen, Aprikosenmarmelade und Minz-Stielen anrichten und servieren.

Vorbereitung: 10 Min. Backzeit: 50 Min. Kochzeit: 10 Min. Portionen: 5–6

VILLA VEGANA
V
Süße Souvenirs

PISANG RAI

BANANEN IM MATCHA-KOKOSMANTEL

ZUTATEN

300 ml	Wasser
1 EL	Matchapulver
1 EL	Maisstärke
120 g	Reismehl
1 EL	Zucker
1	Prise Salz
6	reife Bananen, geschält
200 g	Kokosflocken

Sirup (optional)*

60 g	Rohrzucker
2 EL	Maisstärke
125 ml	Wasser

* Unser Tipp: Dazu schmeckt auch Karamell-Sauce sehr lecker!

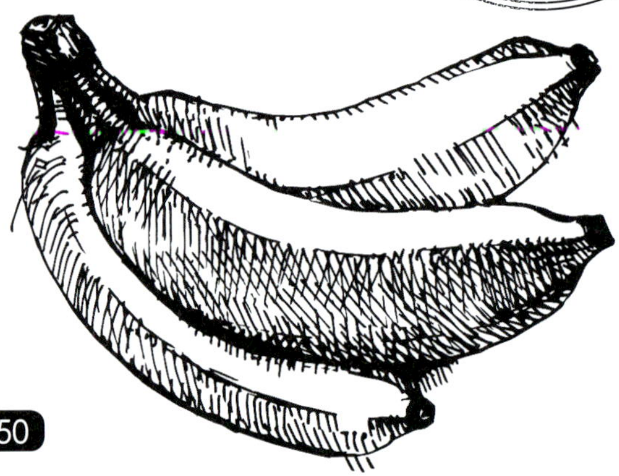

1 Das Wasser aufkochen. Matchapulver in eine kleine Schale geben und mit 50 ml von dem Wasser verrühren, sodass keine Klumpen mehr vorhanden sind (am besten mit einem kleinen Schneebesen).

2 Maisstärke, Reismehl, Zucker und Salz in einer Schüssel verrühren und das restliche Wasser unter ständigem Rühren zugeben. Danach den aufgelösten Matcha unterrühren.

3 Wasser in einem Topf mit zum Kochen bringen. Kokosflocken in einen Teller geben. Bananen halbieren, in die Mischung tunken und vorsichtig in das Wasser geben. Sie sind fertig, wenn sie an die Oberfläche kommen. Herausnehmen, in Kokosflocken wälzen und in Scheiben schneiden.

4 **Sirup:** Zutaten in einem Topf verrühren, kurz aufkochen lassen und mit den Bananen servieren.*

Vorbereitung: 15 Min. Kochzeit: 15 Min. Portionen: 6–8

MA'AMOUL

ORIENT-PLÄTZCHEN MIT DATTELFÜLLUNG

1 Alle Zutaten für die Füllung in einen Mixer geben und zu einer feinen Masse pürieren.

2 Den Backofen auf 160° C (Umluft) vorheizen. Grieß, Mehl, Backpulver, Puderzucker, Salz und Vanille in einer Schüssel verrühren. Pflanzenmargarine, Sonnenblumenöl und Sojamilch zugeben und sorgfältig miteinander verrühren. Aus dem Teig 20 Bällchen formen. Die Teigbällchen in der Hand flach drücken oder zu kleinen "Schalen" formen, ca. einen gehäuften TL der Füllung hineingeben und die Füllung wieder umschließen. Die Bällchen etwas flach drücken. Mit der Gabel ein Muster einstechen, auf ein mit Backpapier ausgelegtes Blech geben und für 25–30 Min. backen. Sofort dick mit Puderzucker bestäuben und abkühlen lassen.

Vorbereitung: 30 Min. Backzeit: 30 Min. Ergibt 20 Plätzchen

ZUTATEN

Füllung

250 g	Datteln, grob gehackt
1	Orange, Abrieb
1 TL	Ingwer, gemahlen
1 TL	Kardamom, gemahlen
1 TL	Zimt, gemahlen
2 EL	Pflanzenmargarine
1 EL	Orangensaft
2 TL	Rosenwasser (optional)

Teig

100 g	Grieß
150 g	Mehl
1 TL	Backpulver
3 EL	Puderzucker
1	Prise Salz
1 TL	Bourbon-Vanille
120 g	Pflanzenmargarine, Zimmertemperatur
2 EL	Sonnenblumenöl
60 ml	Sojamilch

>>> * Unser Tipp: Die Plätzchen in einer geschlossenen Dose aufbewahren.

VILLA VEGANA
V
Süße Souvenirs

>>> * Unser Tipp: Im Sommer und auf Eisstiele gesteckt sind diese Bananen ein perfektes Eis für Groß und Klein.

ZUTATEN

4	reife Bananen
100 g	Erdnussbutter
100 g	Sojajoghurt
100 g	dunkle Schokolade
1 TL	Kokosöl

Dekor (wahlweise)

Kokosflocken
Schokostreusel
gehackte Nüsse (z. B. Mandeln, Erdnüsse oder Cashewkerne)

8 Holzspieße oder Eisstiele

BANANEN AM STIEL

MIT ERDNUSSBUTTER-SCHOKO-MANTEL

1 Die Bananen schälen und in der Mitte halbieren, die Enden abschneiden und auf die Holzspieße stecken. Vorsichtig auf Backpapier legen und ca. 45 Min. in den Gefrierschrank geben.

2 In der Zwischenzeit Erdnussbutter und Joghurt in einer kleinen Schüssel verrühren. Nach Ende der Gefrierzeit die Bananen vorsichtig mit der Erdnussbutter-Mischung bestreichen (z. B. mit einem Buttermesser). Danach für weitere 30 Min. gefrieren.

3 Die Schokolade im Wasserbad schmelzen und das Kokosöl unterrühren. Eine Banane nach der anderen entweder komplett in die Schokoladensauce tunken, oder mit einem Löffel mit der Sauce besprenkeln. Sofort über eine Schüssel halten und nach Lust und Laune mit Dekor verzieren. Nochmals vorsichtig auf Backpapier legen und für weitere 10 Min. in den Gefrierschrank geben. Danach sofort servieren.

Vorbereitung: 20 Min. / Gefrieren: 85 Min.   Ergibt 8 Bananen am Stiel

CARROT CAKE

MIT BUTTERCREME & KANDIERTEN WALNÜSSEN

ZUTATEN

Teig

250 g	Rohrzucker
240 ml	Sonnenblumenöl
250 g	Dinkelmehl
2 TL	Natron
1 TL	Backpulver
2 TL	Zimt
1	Prise Salz
1	Prise Muskat
1 TL	Bourbon-Vanille
300 g	Ananas, gehackt
250 g	Karotten, geraspelt
200 g	Kokosflocken
50 g	Rosinen
100 g	Walnüsse, gehackt

Creme

100 g	Pflanzenmargarine, Zimmertemperatur
120 g	Puderzucker
2 EL	Cointreau
½ TL	Bourbon-Vanille

Topping

80 g	Walnüsse
1 EL	Pflanzenmargarine
2 EL	Zucker

1 Backofen auf 180° C (Umluft) vorheizen. Zucker und Öl in einer großen Schüssel verrühren. Mehl, Natron, Backpulver, Zimt, Salz, Muskat und Vanille zugeben. Ananas, Karotten, Kokosflocken, Rosinen und gehackte Walnüsse unterrühren.

2 Den Teig in eine mit Backpapier ausgelegte Springform geben, glatt streichen und für ca. 50–60 Min. backen. Danach abkühlen lassen.

3 Die Zutaten für die Creme mit einem Handrührgerät schaumig rühren. Auf den komplett ausgekühlten Kuchen geben und glatt streichen. Für mindestens 2 Std. kaltstellen.

4 Pflanzenmargarine in einer Pfanne erhitzen. Walnüsse zugeben, Zucker darüber streuen und unter Rühren karamellisieren. Abkühlen lassen und vor dem Servieren auf dem Kuchen verteilen.

Vorbereitung: 20 Min. / Kaltstellen: 2 Std. Backzeit: 60 Min. Ergibt 1 Kuchen

ZUTATEN

100 g	Mandeln, gehackt
150 g	Mandeln, gemahlen
200 g	Dinkelmehl
100 g	Rohrzucker
1	Prise Salz
½ TL	Zimt
1 TL	Bourbon-Vanille
2 TL	Backpulver
130 g	Pflanzenmargarine
400 ml	Mandelmilch
80 g	Mandelmus
1	Zitrone, Abrieb

Puderzucker zum Bestäuben

GATÓ DE ALMENDRA

MALLORQUINISCHER MANDELKUCHEN

1 Den Backofen auf 160° C (Umluft) vorheizen. Mandeln, Dinkelmehl, Rohrzucker, Salz, Zimt, Vanille und Backpulver in eine große Schüssel geben und gut verrühren.

2 Pflanzenmargarine in einem kleinen Topf zerlassen. Mandelmilch, Mandelmus und Zitronenabrieb zugeben und unter die trockenen Zutaten mischen.

3 Eine Springform fetten (oder mit Backpapier auslegen), den Teig hineingeben und glatt streichen. Ca. 45 Min. backen. Danach komplett abkühlen lassen. Mit Puderzucker bestäuben und servieren.

* Unser Tipp: Ihr könnt für dieses Rezept sowohl geschälte als auch ungeschälte Mandeln verwenden.

Vorbereitung: 10 Min. Backzeit: 45 Min. Ergibt 1 Kuchen

ZUTATEN

Brownie
120 g Mehl
60 g Kakao
80 g Zucker
½ TL Natron
1 Prise Salz
6 TL Sonnenblumenöl
125 ml Pflanzenmilch

Karamell
250 g Zucker
100 g Pflanzenmargarine
100 ml Sojasahne
100 g Erdnüsse

Cookie-Dough
170 g Pflanzenmargarine
150 g Zucker
4 TL Sojasahne
120 g Dinkelmehl
1 Pk. Vanillepulver
170 g Schokodrops

Schoko-Topping
200 g dunkle Schokolade
50 g Erdnussbutter (crunchy)
50 ml Sojasahne

TRILLIONAIRE BROWNIE

SCHOKO-KARAMELL-ERDNUSSSCHNITTEN

1 **Brownie:** Erst die trockenen Zutaten in einer Schüssel verrühren, dann die feuchten hinzufügen. In eine ca. 20 × 20 cm große, gefettete Form geben und bei 160° C ca. 25 Min. backen. Brownie abkühlen lassen.

2 **Karamell:** Zucker und 100 ml Wasser aufkochen. Unter Rühren ca. 20–25 Min. karamellisieren lassen. Das kann eine ganze Weile dauern. Irgendwann wird es zu einer goldbraunen Masse. Dann den Topf vom Herd nehmen. Pflanzenmargarine und Sahne unterrühren. Den Topf wieder auf den Herd stellen, Erdnüsse zugeben und nochmals 5 Min. köcheln lassen. Die Masse auf dem Brownie verteilen. Erst wenn die Masse komplett abgekühlt ist die nächste Schicht draufgeben, die da wäre:

3 **Cookie-Dough:** Pflanzenmargarine (Raumtemperatur) und Zucker mit einem Handrührgerät verrühren. Vanille und Sahne zugeben. Erst das Mehl und dann die Schokodrops unterrühren. Gut vermischen. Auf die Karamellschicht geben.

4 **Schoko-Topping:** Die Zutaten im Wasserbad schmelzen, gut verrühren und auf die Cookie-Dough-Schicht geben, glatt streichen und für 1–2 Std. in den Kühlschrank stellen. Danach in Quadrate schneiden.

Vorbereitung: 15 Min. / Kaltstellen: 2 Std. **Backzeit: 25 Min. / Kochzeit: 35 Min.** **Portionen: 8**

VILLA VEGANA
V
Süße Souvenirs

ZUTATEN

Joghurt-Schicht
500 g Sojajoghurt
2 Pk. Vanillezucker

Schoko-Creme-Schicht
50 g Kakaopulver
70 g Rohrzucker
2 EL Agavendicksaft
140 ml Sojasahne
160 g Zartbitter-Schokolade
30 g Pflanzenmargarine

Dekor
200 g Haselnüsse, gehackt
Schokostreusel (optional)

** Unser Tipp: Die Schoko-Creme schmeckt auch prima als Brotaufstrich.*

KNUSPERQUARK

MIT SCHOKOCREME & HASELNÜSSEN

1 **Joghurt:** Sojajoghurt und Vanillezucker miteinander verrühren.

2 **Schoko-Creme:** Kakao, Rohrzucker, Agavendicksaft, Sahne und die Hälfte der gehackten Schokolade in einen kleinen Topf geben und auf niedriger Flamme erwärmen, bis die Schokolade geschmolzen ist. Vom Herd nehmen, Pflanzenmargarine und restliche Schokolade unterrühren.

3 Die gehackten Haselnüsse in einer Pfanne ohne Fett ca. 2 Min. rösten, bis sie ein nussiges Aroma verbreiten. Danach abkühlen lassen.

4 Die Hälfte der Schokocreme auf Dessertgläser verteilen. Dann eine Schicht gehackte Nüsse und danach die Hälfte des Sojajoghurts verteilen. Diese Schichten wiederholen und mit Schokostreuseln und ein paar gehackten Nüssen bestreuen.

VILLA VEGANA
V
Dessert-Spezial

Vorbereitung: 15 Min. Kochzeit: 10 Min. Portionen: 4

ZUTATEN

330 g	Haferflocken
120 g	Dinkelmehl
60 g	Puderzucker
110 g	Rohrzucker
½ TL	Natron
1	Prise Salz
115 ml	Kokos-Öl
2 TL	Bourbon-Vanille
200 g	Zartbitter-Schokolade oder Schoko-Drops
1 EL	Sojamehl
2 EL	Wasser

HAFER-COOKIES

MIT SCHOKO-CHIPS

1 Den Backofen auf 180° C (Umluft) vorheizen. Die Haferflocken mit dem Mehl in eine Schüssel geben. Puderzucker, Rohrzucker, Natron, Salz, Kokos-Öl und Vanille zugeben. Das Sojamehl in einem Glas mit dem Wasser verrühren und ebenfalls zugeben. Mit den Händen alles miteinander verrühren und verkneten. Als Letztes die Schokodrops (bzw. die gehackte Schokolade) unterrühren.

2 Mit den Händen jeweils ca. 1 EL des Teiges abnehmen und fest zu einem Ball zusammendrücken. Ein Backblech mit Backpapier auslegen und die Bällchen darauf legen. Für 10–12 Min. im Ofen goldbraun backen.

*Unser Tipp: Die Cookies halten sich in einer Frischhaltebox mindestens eine Woche.

Vorbereitung: 10 Min. Backzeit: 15 Min. Ergibt ca. 15 Cookies

VILLA
V
Süße Souvenirs

>>> * Unser Tipp: Je mehr Matchapulver man nimmt, umso grüner wird die Creme. Als Frischkäse-Ersatz empfehlen wir den Tofutti Creamy Smooth.

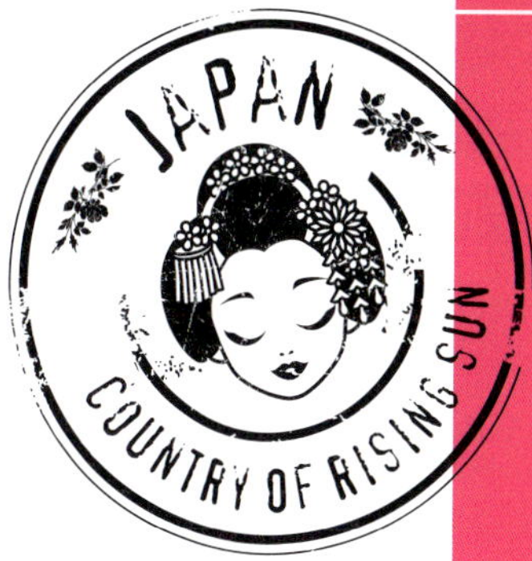

ZUTATEN

Biskuit
200 g Mehl
1 EL Stärke
1 Pk. Backpulver
1 TL Bourbon-Vanille
120 g Zucker
80 ml Sonnenblumenöl
200 ml Sprudelwasser
Abrieb einer Zitrone

Matcha-Creme
500 g Cashewkerne
3–6 TL Matchapulver*
1 Limette, Saft & Abrieb
200 g veganer Frischkäse*
50 ml Agavendicksaft
50 ml Sojasahne
2 EL Kokosfett

Himbeer-Gelee
2 g Agar Agar
250 ml Traubensaft (alt. Orangensaft)
2 EL Rohrzucker
250 g TK-Himbeeren

MATCHA-CHEESECAKE

MIT BISKUITBODEN & HIMBEERGELEE

1 **Biskuit:** Den Backofen auf 175°C (Umluft) vorheizen. Das Mehl in eine Schüssel sieben. Die restlichen Zutaten für den Teig zugeben und gut verrühren. Teig in eine gefettete Springform geben und glatt streichen. Ca. 30 Min. backen, danach komplett abkühlen lassen.

2 **Creme:** Cashewkerne mit kochendem Wasser übergießen und 30 Min. einweichen lassen. Das Matchapulver gut mit dem Limettensaft verrühren. Danach alle Zutaten für die Matcha-Creme in einen Mixer geben und mit den restlichen Zutaten zu einer homogenen Masse verarbeiten. Diese gleichmäßig auf den Biskuitteig streichen und den Kuchen ca. 1 Std. kaltstellen.

3 **Gelee:** Agar Agar mit Saft und Zucker unter Rühren aufkochen. Himbeeren zugeben und 5 Min. auf kleiner Flamme köcheln lassen. Danach durch ein feines Sieb streichen und den Saft auffangen. Diesen auf der Creme verteilen und die Torte für mindestens 2 Std. kaltstellen.

Vorbereitung: 20 Min. / Einweichen: 30 Min. / Kaltstellen: 3 Std.

Backzeit: 30 Min.

ZUTATEN

Teig

1 EL	Zucker
25 g	Hefe, frisch
100 ml	Wasser, lauwarm
400 g	Mehl
Prise	Salz
150 ml	Sojamilch
	Öl zum Braten

Füllung

1 TL	Zimt
70 g	Rohrzucker
2 EL	Mandeln, gehackt
2 EL	Walnüsse gehackt
2 EL	Orangenabrieb
1 EL	Cointreau (optional)

Agavendicksaft

HODDEOK

GEFÜLLTE PFANNKUCHEN

1 Zucker und Hefe in eine Schale geben und mit lauwarmem Wasser übergießen. 10 Min. ruhen lassen. Mehl, Salz und Sojamilch in einer Schüssel verrühren. Hefewasser zugeben und 10 Min. lang mit den Händen zu einem homogenen Teig kneten. Abgedeckt 1 Std. ruhen lassen.

2 Alle Zutaten für die Füllung gut miteinander verrühren und beiseitestellen.

3 Teig kurz durchkneten und in 10 Stücke teilen. Etwas Öl auf die Handflächen geben und die Stücke zu flachen Tellern formen. 1 EL Füllung darauf geben und das Ganze zu einer Kugel formen. Teigball in eine Pfanne mit heißem Öl geben, auf mittlerer Flamme kurz anbräunen, wenden und mit dem Pfannenwender flach drücken. Die Pfannkuchen von beiden Seiten goldbraun braten und mit Agavendicksaft anrichten.

Vorbereitung: 40 Min. / Ruhen: 1 Std. Kochzeit: 15 Min. Ergibt ca. 10 Stück

BALOUZA

ORANGENPUDDING MIT GEWÜRZ-SCHAUM

1 Orangen auspressen. Den Saft durch ein Sieb in einen Topf füllen und zusammen mit dem Zucker zum Kochen bringen. Die Maisstärke mit Wasser verrühren. Sobald der Saft anfängt zu kochen die angerührte Stärke unter ständigem Rühren zugeben. Rosenwasser und Orangenlikör ebenfalls unter Rühren zugeben. Den Pudding auf Dessertgläser verteilen, abkühlen lassen und danach 1 Std. kaltstellen.

2 Sojamilch, Maisstärke und Puderzucker in einen kleinen Topf geben und unter ständigem Rühren mit dem Schneebesen aufkochen. Ingwer und Kardamom unterrühren, vom Herd nehmen und solange kräftig rühren, bis die Mischung anfängt, zu schäumen. (Wer einen Milchschäumer hat, kann diesen dafür verwenden.) Schaum auf dem Pudding verteilen und mit Zimt bestreuen.

Vorbereitung: 10 Min. / Kaltstellen: 1 Std. | **Kochzeit: 15 Min.** | **Portionen: 4**

ZUTATEN

Orangen-Pudding

4	Orangen, Saft (300 ml)
3 EL	Zucker
2 EL	Maisstärke
60 ml	Wasser
2 EL	Orangenlikör
2 TL	Rosenwasser

Gewürz-Schaum*

200 ml	Sojamilch
1 TL	Maisstärke
1 EL	Puderzucker
1 TL	Ingwerpulver
½ TL	Kardamom, gemahlen
1	Prise Zimt

* Unser Tipp: Am besten kann man die Sojamilch mit einem Milchschäumer aufschäumen.

ZUTATEN

Sahne

- 300 ml Sojaschlagsahne
- 50 g Puderzucker
- 1 TL Bourbon-Vanille

Baiser

- 120 ml Aquafaba (Kichererbsenwasser)
- 250 g Puderzucker
- 1 TL Xanthan
- 1 TL Bourbon-Vanille

Topping

- 1 Mango
- 200 g gemischte Beeren (Himbeeren, Johannisbeeren, Brombeeren, Blaubeeren)

>>> * Dieses Nationalgericht wurde nach der russischen Ballerina Anna Pavlova benannt.

PAVLOVA

BAISER-TÖRTCHEN MIT SAHNE & BEEREN

1 **Sahne:** Die Sojasahne mit dem Mixer auf höchster Stufe steif schlagen. Während des Schlagens nach und nach den Puderzucker und dann die Vanille zugeben. Sahne kaltstellen.

2 **Baiser:** Backofen auf 90° C (Umluft) vorheizen. Das Kichererbsenwasser mit einem Mixer 5 Min. auf höchster Stufe schlagen. Weiterschlagen und dabei nach und nach den Puderzucker zugeben, bis die Masse glänzend ist und feste Spitzen bildet. Xanthan und Vanille zugeben und eine weitere Min. schlagen. Mischung in einen Spritzbeutel füllen und 4–6 Baisers mit möglichst großem Abstand auf das Backblech spritzen. 2 Std. im vorgeheizten Ofen backen. Danach vorsichtig herausnehmen und vollständig abkühlen lassen.

3 Die Mango schälen, grob würfeln und pürieren. Die geschlagene Sahne auf den Baisers verteilen. Darüber die Mango-Sauce geben und mit den gemischten Beeren anrichten. Sofort servieren.

Vorbereitung: 20 Min. **Backzeit: 2 Std.** **Portionen: 4–6**

VEGANA
enirs

DIE AUTOREN

Miriam Spann

Miriam ist Löwe, Aszendent Waage.
Sie ist studierte Kommunikationsfachfrau, Art-Direktorin, Hobby-Fotografin und leidenschaftliche Köchin.

Sie liebt Koriander, Schokolade, beim Auto fahren Eminem hören, lange schlafen, Sommerregen und die Fantastischen Vier.

Sie hasst Mais und geviertelte Tomaten.

Bereits mit 8 Jahren hat sie entschieden, keine Tiere mehr zu essen.

Miriam lebt seit 2012 vegan.

Jens Schmitt

Jens ist Jungfrau, Aszendent Skorpion.
Er ist gelernter Sesselwärmer, Informatiker, Elektrotechniker und leidenschaftlicher Koch und Gastgeber.

Er liebt Avocados, Schokolade, Sonnenaufgänge, Unterwasserwelten, Michael Jackson hören und Goa Festivals.

Er hasst Koriander und Shopping.

In einem Punkt sind sich beide immer einig: ihrer Liebe zu Tieren.

Jens lebt seit 2012 vegan.

VILLA VEGANA

269

Justin P. Moore
The Lotus And The Artichoke.
Vegane Rezepte eines Weltreisenden

Justin P. Moore
The Lotus And The Artichoke. Mexico!
Eine kulinarische Entdeckungsreise
mit über 60 veganen Rezepten

Justin P. Moore
The Lotus And The Artichoke. Indien.
Eine kulinarische Liebesgeschichte
mit über 90 veganen Rezepten

Justin P. Moore
The Lotus And The Artichoke. Malaysia.
Eine kulinarische Entdeckungsreise
mit über 60 veganen Rezepten

Justin P. Moore
The Lotus And The Artichoke. Sri Lanka!
Ein Kochbuch mit über 70 veganen Rezepten

Niko Rittenau
Vegan-Klischee ade!
Wissenschaftliche Antworten auf kritische
Fragen zu veganer Ernährung

Patrick Bolk
Vegan, aber günstig. Spar dir das Tier

Patrick Bolk
Vegan, aber günstig. Das Kochbuch

Uschi Herzer / Joachim Hiller
Das Ox-Kochbuch 5. Kochen ohne Knochen –
Mehr als 200 vegane Punk-Rezepte

Sarah Kaufmann / Oliver Zöphel
Outdoor Cooking. Vegane Rezepte für den
nächsten Roadtrip

edition KOCHEN OHNE KNOCHEN   ventil   **www.ventil-verlag.de**

IMPRESSUM

Dieses Buch soll keine ärztlichen Empfehlungen ersetzen, widerrufen oder ihnen widersprechen. Die Informationen in diesem Buch sind allgemeiner Natur und werden ohne Garantie seitens des Verlags und des Autors angeboten. Diese übernehmen keine Haftung für eventuell auftretende Schäden und Fehler, die durch die Verwendung des Buches auftreten.

Originalausgabe: GrünerSinn-Verlag, Bad Lippspringe, 2016

Edition Kochen ohne Knochen
ISBN 978-3-95575-097-8

3. Auflage 2019

Konzept: Miriam Spann & Jens Schmitt
Layout & Food-Fotografie: Miriam Spann
Portraits: Maria Hibbs, www.mariahibbs.com
Illustrationen & Freisteller: www.shutterstock.com
Lektorat: Eva Siegmund
Druck & Bindung: Himmer GmbH Druckerei, Augsburg

Ventil Verlag, Boppstr. 25, D-55118 Mainz
www.ventil-verlag.de

WWW.VILLAVEGANA.COM